Energetik und Hygiene

des

Nerven-Systems

in der Schule.

Schulhygienische Untersuchungen

von

Prof. Dr. med. und phil. **H. Griesbach.**

München und **Leipzig.**
Druck und Verlag von R. Oldenbourg.
1895.

Vorwort.

Die vorliegende Arbeit war ursprünglich nicht für einen grösseren Leserkreis bestimmt und wurde daher in ihrer ersten Form und unter anderem Titel in einer medicinischen Zeitschrift, dem Archiv für Hygiene (Bd. XXIV), abgedruckt. Wenn ich mich entschlossen habe dieselbe, mit einigen Zusätzen versehen, auch in Buchform herauszugeben, so geschah dies in Folge mehrfach an mich ergangener Aufforderungen, sowie aus dem Grunde, dass das darin behandelte Thema doch nicht nur medicinische, sondern auch pädagogische Kreise, ja sogar die Gebildeten aller Stände interessiren dürfte. — Da der Nichtfachmann aber seltener seine Lectüre über medicinische Zeitschriften erstreckt, so wird ihm die vorliegende Arbeit in der Separatausgabe leichter bekannt werden und schneller zugänglich sein.

Mülhausen, Els., im Juli 1895.

Der Verfasser.

Mit der Geburt ist weder die formelle noch die functionelle Beschaffenheit des Nervensystems abgeschlossen. Bis zur Zeit der Pubertät und noch darüber hinaus bringen energisches Wachsthum und Entwickelung der Seelenthätigkeit manche Veränderungen mit sich. Auf derartige Veränderungen hier einzugehen ist nicht meine Absicht. Ich möchte vielmehr in der vorliegenden Mittheilung einen Abschnitt der Nervenenergetik während des Schullebens behandeln, nämlich die Arbeitsleistungsfähigkeit des Gehirns, die damit in Zusammenhang stehende Ermüdung und deren Nachweis. Bis zur Stunde liegen darüber nur wenig eingehende Untersuchungen vor, und es wäre sehr wünschenswerth, wenn dieselben vermehrt würden. Solche Untersuchungen müssen sich über die drei Entwickelungsperioden erstrecken, welche man an dem jugendlichen Organismus unterscheiden kann. Die erste umfasst für Knaben die Zeit bis zum achten Lebensjahre und ist durch eine starke Zunahme an Länge und Gewicht gekennzeichnet. Die zweite Periode reicht bis zum vierzehnten Lebensjahre und macht sich durch eine auffällige Hemmung des Wachsthums und eine geringere Gewichtszunahme bemerkbar. In der dritten, bis zum Ende des siebzehnten Jahres sich hinziehenden Pubertätsperiode schreitet das Wachsthum bedeutend voran, namentlich zu Anfang der Pubertät. Die Zunahme des Gewichtes in dieser Periode erreicht ihr Maximum später als die Längenzunahme. Im weiblichen Körper liegen die Verhältnisse etwas anders. Diese allgemeinen Regeln, die in den verschiedenen Zonen einzelne Abänderungen erleiden, ergeben sich namentlich aus den Untersuchungen Malling-Hansens[1]) und Key's.[2])

In innigem Zusammenhange mit der körperlichen Entwickelung während der genannten Perioden steht auch die Leistungsfähigkeit des Gehirns, und bei der Beurtheilung und Abwägung derselben muss man auf die physische Entwickelung Rücksicht nehmen.

Jede physiologische Arbeitsleistung, auch die des Gehirns, zieht Ermüdung nach sich, worunter man bekanntlich eine Verminderung der Leistungsfähigkeit innerhalb physiologischer Breite versteht. Die Ermüdung wird erst empfunden, wenn sie eine gewisse Stärke erreicht hat.

Um über den Grad geistiger Ermüdung Aufschluss zu erhalten, wendet man verschiedene Methoden an. Eine derselben stammt von dem italienischen Physiologen Mosso. Derselbe hat nachgewiesen, dass nicht nur bei der Muskelarbeit die Nervencentren ermüden, sondern dass auch umgekehrt eine intensive geistige Thätigkeit auf die Muskelarbeit einen vermindernden Einfluss ausübt, mit anderen Worten, dass eine Ermüdung der psychischen Centren des Gehirns unmittelbar auf die motorischen Centren desselben wirkt. Auf diese Thatsache gründet sich Mosso's Methode, die geistige Ermüdung graphisch zu registriren. Zur Ausführung dient ein Apparat, welchen er Ergograph (*τὸ ἔργον* das Werk, die Arbeit) genannt hat. Auf eine Beschreibung des Apparates kann hier verzichtet werden.[3])

Die Registrirung schliesst in dem Augenblicke ab, in welchem der mit einem Gewichte belastete Finger der Versuchsperson nicht mehr im Stande ist, das Gewicht zu heben. Bei solchen Versuchen haben sich interessante Resultate ergeben. Mosso experimentirte leider nicht an Schülern, und ich glaube, dass

1) R. Malling-Hausen, Perioden im Gewicht der Kinder und in der Sonnenwärme. Kopenhagen, Tryde 1886.

2) A. Key, Die Pubertätsentwickelung und das Verhältniss derselben zu den Krankheitserscheinungen der Schuljugend. Verhandlung des X. internationalen medicin. Congresses, Berlin 1891, Bd. I, S. 66 ff.

3) Vergl. Mosso, Ueber die Gesetze der Ermüdung etc. Archiv für Anat. u. Physiol.; physiologische Abtheilung, 1890, Supplement S. 89 ff. — Derselbe, Die Ermüdung. Aus dem Italien. von J. Glinzer, Leipzig 1892.

an diesen bis heute überhaupt keine Versuche mit dem Ergographen vorliegen.[1]) Mosso liess aber Ermüdungscurven von verschiedenen erwachsenen Personen aufschreiben, die stundenlang angestrengt geistig beschäftigt waren. Im Zustande physiologischen Gleichgewichtes führte eine der Versuchspersonen Mosso's mit dem Mittelfinger der linken Hand, bei einer Belastung von 2 kg, 55 Contractionen aus. Die Hubhöhe nahm ganz allmählich von 45 mm bis zu Null ab. Nach intensiver geistiger Arbeit, die in der Abhaltung eines 3 1/2 stündigen Examens bestand, wurde eine zweite Curve aufgeschrieben. Die beiden ersten Contractionen waren noch stark, dann aber trat eine schnelle Abnahme ein, und nach neun Contractionen war die Energie der Muskeln erschöpft. Es ist nicht der Wille, es ist nicht der Nervenapparat allein, sagt Mosso, sondern es ist auch der Muskel, welcher in Folge einer geistigen Anstrengung ermüdet. Mosso nimmt dafür zu der bekannten Erklärung seine Zuflucht, dass während der gesteigerten Gehirnarbeit Zersetzungsprodukte in den Kreislauf gelangen, welche die Muskeln vergiften und sie unfähig machen, ihre Energie zu entfalten. Diese Erklärung sucht er durch Thierversuche zu stützen. Es liegt wohl vorläufig kein Grund vor, die Brauchbarkeit der Mosso'schen Methode zu bezweifeln.

Eine zweite Methode, um über die Ermüdung des Gehirns Aufschluss zu erhalten, hat zuerst Sikorsky[2]) eingeschlagen; später wurde dieselbe von Burgerstein[3]), Höpfner[4]),

---

1) Bei der Correctur dieser Arbeit habe ich nachzutragen, dass mir vor einiger Zeit Keller's pädagogisch-psychometrische Studien (Vorl. Mittheilung) im Biolog. Centralblatt 1894, Bd. 15, bekannt geworden sind, in welchen über geistige Ermüdung von Schülern mit Hülfe des Ergographen angestellte Untersuchungen niedergelegt worden sind. Ich bedauere lebhaft auf dieselben hier nicht mehr eingehen zu können.

2) Sikorsky, Sur les effets de la lassitude provoquée par les travaux intellectuels chez les enfants de l'âge scolaire. Annales d'hygiène publique, 1879, T. II, S. 458.

3) Burgerstein, Die Arbeitscurve einer Schulstunde. Zeitschrift für Schulgesundheitspflege, 1891, Nr. 9, S. 544 ff. und Nr. 10, S. 607 ff.

4) Höpfner, Ueber die geistige Ermüdung von Schulkindern. Zeitschrift für Psychologie und Physiologie der Sinnesorgane, 1893, VI, S. 191.

Laser[1]) und Kraepelin[2]) aufgenommen und zum Theil abgeändert.

Sikorsky liess durch eine grössere Anzahl von Schülern am Anfange und Schluss der Unterrichtsstunde ein kurzes Dictat ausführen. Unter dem Einflusse der Ermüdung vermehrten sich die Fehler um 33 %. Auf je 100 Buchstaben berechnet, stiegen sie nach Höpfner, der ähnliche Versuche anstellte, von 0,9 bis 6,4 %. Burgerstein liess vier Reihen einfacher Additions- und Multiplicationsaufgaben durch Schulkinder von 11—13 Jahren lösen. Zwischen den einzelnen Arbeitszeiten lag eine Pause von 5 Minuten. Der ganze Versuch dauerte 55 Minuten. Das Resultat in Bezug auf die Güte der Arbeitsleistung war, dass am Schlusse der Stunde die angebrachten Verbesserungen auf 162 %, die Rechnungsfehler auf 177 % gestiegen waren.

Dieselbe Methode schlug Laser ein und fasste seine Resultate folgendermaassen zusammen:

1. Die Zahl der gerechneten Ziffern, also die Leistungsfähigkeit, ist in der ersten Stunde am niedrigsten.
2. Die Leistungsfähigkeit nimmt bis zur dritten, resp. vierten Stunde zu, und lässt in der vierten, resp. fünften Stunde wieder nach.
3. Die Fehlerzahl steigt bis zur vierten Stunde, fällt in der fünften.
4. Die Correcturenzahl wächst bis zur fünften Stunde.
5. Knaben haben weniger gerechnet als Mädchen.
6. Knaben haben mehr Correcturen gemacht als Mädchen.
7. Die Fehlerzahl ist bei Knaben und Mädchen beinahe gleich gross.
8. Die Anzahl derer, welche fehlerfrei gerechnet haben, nimmt bis zur fünften Stunde ab.

Kraepelin arbeitete mit Studenten und Assistenten, und zwar in der Weise, dass er je 10 Personen mehrere Stunden hindurch einstellige Ziffern addiren liess. Alle 5 Minuten wurde

1) Laser, Ueber geistige Ermüdung beim Schulunterrichte. Zeitschrift für Schulgesundheitspflege, 1894, S. 2 ff.

2) Kraepelin, Ueber geistige Arbeit. Jena, Fischer, 1894.

ein Zeichen gegeben; dann machte der Rechner einen Strich unter die zuletzt addirte Zahl. Von den Versuchspersonen addirte die langsamste 140, die schnellste 384 Ziffern in 5 Minuten. Daraus ergibt sich zunächst, dass die Geschwindigkeit des Rechnens in hohem Grade individuell ist, und dies dürfte auch für andere geistige Beschäftigungen, beispielsweise für das Auswendiglernen zutreffen. Kraepelin prüfte die Rechnungen nicht auf ihre Richtigkeit und meint, dass sich bei einer Prüfung möglicherweise das umgekehrte Verhältnis zwischen »Fixigkeit und Richtigkeit« herausstellen würde.

Ueber den Werth derartiger Methoden zur Beurtheilung geistiger Ermüdung könnten Zweifel entstehen.

Jede geistige Arbeit wird nämlich wesentlich durch die Uebung beeinflusst. Dies trifft auch für das Rechnen zu, und der ursprünglich langsam Rechnende kann schneller rechnende Personen einholen und überflügeln. Man darf aber wohl nicht ohne weiteres die Arbeitsgeschwindigkeit als Ausdruck der persönlichen Eigenart betrachten, falls man nicht genau weiss, mit welchem Maass von Uebung infolge früherer Einflüsse die Person an die Aufgabe herantritt. Allein die Uebungsfähigkeit ist begrenzt: je häufiger die Wiederholung, desto geringer der Zuwachs an Arbeitsgeschwindigkeit. Bei Kraepelin's Versuchen steigerte sich bei einer Person die Arbeitsleistung vom ersten zum zweiten Versuche um 25 %, vom zweiten zum dritten Versuche um 15 %, vom dritten zum vierten Versuche um 6 %.

Es wird also für jeden Menschen eine Grenze geben, über welche hinaus eine Steigerung der Arbeitsgeschwindigkeit durch Uebung nicht mehr erzielt wird.

Auf dieser Stufe werden die einzelnen Personen mit einander vergleichbar sein. — Im Allgemeinen lässt sich annehmen, dass die Uebung in Bezug auf geistige Leistung bei der Mehrzahl gleichalteriger Schüler derselben Bildungsstufe eine gleiche ist, und es lassen sich daher ganz wohl die genannten Methoden zur Bestimmung der Leistungsfähigkeit und Ermüdung in der Schule verwerthen, namentlich wenn man auch die Fehler in den Aufgaben berücksichtigt.

Eine dritte Methode zur Ermittelung der Ermüdung bei geistiger Arbeit habe ich selbst versucht. Sie fusst auf der von mir beobachteten, bisher, wie es scheint, unbekannten Thatsache, dass Hirnermüdung die Sensibilität der Haut herabsetzt[1]). Die Fähigkeit, Tasteindrücke räumlich zu unterscheiden, verdanken wir dem Ortssinne. Diese Fähigkeit ist begrenzt, und die Grenze ist für verschiedene Hautgebiete verschieden. Die ersten Untersuchungen über den Ortssinn und die ersten Messungen desselben stammen von E. H. Weber[2]). Derselbe bestimmte, »wie klein die Entfernung zweier gleichzeitig die Haut treffender punktförmiger Eindrücke gemacht werden kann, ohne dass ihre gesonderte Wahrnehmung aufhört; mit anderen Worten, welches der minimale Abstand zweier Hautpunkte ist, deren Reizung noch deutlich verschiedene Ortsvorstellungen erweckt.« Diese Minimaldistanz wird nach Fechner Raumschwelle genannt. Die Messungsmethode Weber's besteht in Folgendem: Die abgestumpften Spitzen eines Zirkels werden gleichzeitig und leise auf die Haut gesetzt. Man verkleinert die Zirkelöffnung so lange, bis beide Eindrücke in der Wahrnehmung verschmelzen. Bei beginnender Verschmelzung der beiden Eindrücke werden dieselben als Linie empfunden.

An den Extremitäten fand Weber den Ortssinn verschieden, je nachdem die Zirkelspitzen in der Richtung der Längs- oder Querachse der Extremität auf die Haut gesetzt wurden. In letzterem Falle ergab sich eine bedeutendere Feinheit des Ortssinnes.

Später haben Vierordt und seine Schüler[3]) die Feinheit des Ortssinnes als Function der Beweglichkeit des untersuchten

1) Ueber derartige Beobachtungen habe ich in der Literatur nichts finden können. Herr Prof. L. Hermann in Königsberg, mit dem ich über diese interessante Thatsache correspondirte, und dessen Erklärungen, die ich in Nachstehendem weiter ausführe, ich völlig beipflichte, theilte mir in einem Briefe vom 25. Juni 1894 mit, dass auch ihm derartige Beobachtungen bisher nicht bekannt geworden seien.

2) Vergl. Hermann's Handbuch der Physiologie, 1880, Bd. III, Theil 2.

3) Vierordt, Die Abhängigkeit der Ausbildung des Raumsinnes der Haut von der Beweglichkeit der Körpertheile. Zeitschrift für Biologie, Bd. VI,

Körpertheiles betrachtet. Sie geben an, dass die Feinheit proportional dem Abstande des Untersuchungsgebietes von der Drehachse zunimmt. Einfach an solchen Körperstellen, die als Ganzes um eine bestimmte Achse bewegt werden, gestaltet sich das Abhängigkeitsverhältnis complicirter, wenn sich der Körpertheil aus einzelnen Unterabtheilungen zusammensetzt, von denen jede in verschiedener Richtung um eine oder mehrere eigene Achsen beweglich ist. In solchen Fällen ist für den Feinheitswerth des Ortssinnes eines Hautgebietes der Abstand sowohl von der Hauptachse, als auch von der Specialachse maassgebend.

Der Feinheitswerth stellt sich alsdann als die Resultirende aus allen Einzelwerthen dar. Auch Geschwindigkeit und Häufigkeit der einzelnen Bewegungen sind auf die Feinheit des Ortssinnes nicht ohne Einfluss. Nach Valentin sollen dieselben Hautgebiete bei verschiedenen Personen sehr verschiedene Werthe für die Raumschwelle ergeben, während die relativen Werthe für verschiedene Hautstellen annähernd gleich sind. Volkmann[1]) wies nach, dass längere Zeit fortgesetzte Uebung die Feinheit des Ortssinnes beträchtlich zu erhöhen vermag.

Der Ausgangspunkt der Erklärung dafür, dass die Feinheit des Ortssinnes an verschiedenen Körperstellen variirt, liegt in der von Weber aufgestellten Hypothese der sogenannten Empfindungskreise. Als anatomischen Empfindungskreis definirt Weber jedes von einer Nervenfaser durch eine oder mehrere Endigungen versorgte Hautgebiet. Die ganze Hautoberfläche betrachtet er daher »als eine continuirliche Mosaik solcher stehender Empfindungskreise von verschiedenem Durchmesser, je nach dem Umfange des jeder Nervenfaser zukommenden

---

S. 53 ff. — Kottenkamp und Ullrich, Versuche über den Raumsinn der Haut. Daselbst, S. 37 ff. — Paulus, Versuche über den Raumsinn der Haut der unteren Extremität. Daselbst, Bd. VII, S. 237 ff. — Riecker, Versuche über den Raumsinn der Haut des Unterschenkels. Daselbst, Bd. IX, S. 95 ff. — Derselbe, Versuche über den Raumsinn der Kopfhaut. Daselbst, Bd. X, S. 177 ff. — Hartmann, Der Raumsinn der Haut des Rumpfes und des Halses. Daselbst, Bd. XI, S. 79 ff.

1) Berichte der Kgl. sächsischen Ges. der Wissensch., 1858, zu vergl. Hermann's Handbuch der Physiologie.

Gebietes.« An nervenreichen Hautstellen ist der Durchmesser der Empfindungskreise kleiner als an solchen, die von spärlich vorhandenen und weiter auseinander gelegenen Nervenfasern versorgt werden.

Von diesen anatomischen Grössen muss man die physiologischen Empfindungskreise unterscheiden, welche Vorstellungsbilder der erregten Hautgebiete in unserem Bewusstsein sind, und vermöge derer das letztere ein Tastfeld von bestimmter Ausdehnung fühlt.

Alle Umstände, die in irgend welcher Weise das Bewusstsein beeinflussen, müssen daher auch die physiologischen Empfindungskreise verändern. Diese Grössen sind somit variabel. Bei Blindgeborenen oder in früher Jugend Erblindeten ist die Unterscheidungsfähigkeit des Tastsinnes bedeutend erhöht. Treten im Bereiche der Sinnesorgane noch andere Mängel hinzu, so sucht der Tastsinn auch diese auszugleichen. Bei blinden Taubstummen (Laura Bridgman sei als bekanntes Beispiel erwähnt) erreicht der Tastsinn eine 2—3 Mal grössere Schärfe als bei normalen Individuen. Uebung und Aufmerksamkeit erhöhen ebenfalls das Unterscheidungsvermögen des Tastsinnes, verkleinern also die Empfindungskreise, wobei aber gleichzeitig bemerkt werden muss, dass Abstumpfung der Aufmerksamkeit dem Einflusse der Uebung entgegenwirkt. Die Einwirkung lokaler Anaesthetica und narcotisirender Gifte auf das Unterscheidungsvermögen des Tastsinnes kann hier übergangen werden [1]).

Da die Aufmerksamkeit im Augenblicke des Versuches einen verkleinernden Einfluss auf die physiologischen Empfindungskreise ausübt, so ist es sehr begreiflich, dass geistig ermüdete Personen, die mit zunehmender Abspannung immer weniger Aufmerksamkeit besitzen, eine entsprechende Vergrösserung der physiologischen Empfindungskreise zeigen. Daher liegt in der Prüfung des Empfindungsvermögens der Haut mittels des als Aesthesiometer

---

1) Vergl. Kremer in Pflüger's Archiv, Bd. XXXIII, S. 271.

dienenden Zirkels eine Methode zur Ermittelung geistiger Ermüdung, und die bei der Prüfung erhaltenen, in irgend einem Maasssystem ausgedrückten Zahlenwerthe, verglichen mit denjenigen, welche sich im Zustande physiologischen Gleichgewichtes bei der Prüfung ergeben, bilden ein Maass für den Grad der Ermüdung.

Es fragt sich nun, wie kommt die Veränderlichkeit der physiologischen Empfindungskreise zu Stande? Auf diese Frage

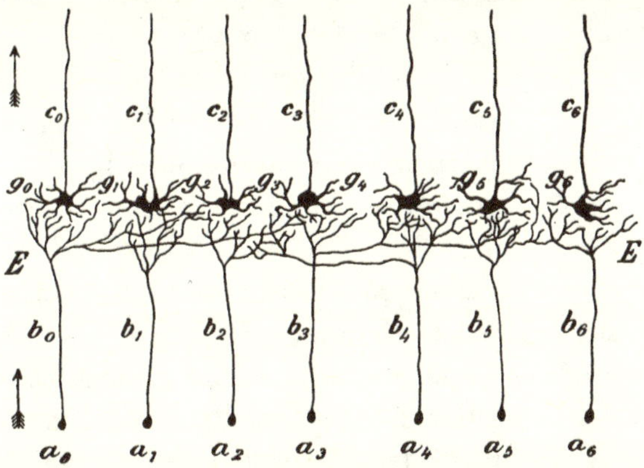

Fig. 1.

scheint mir die beste Antwort diejenige zu sein, welche L. Hermann[1]) gibt. Dieser Forscher erklärt die Veränderlichkeit der physiologischen Empfindungskreise durch centrale Irradiation, d. h. durch mangelhafte Isolation der Erregungen, vermöge deren ein erregter Punkt als ein erregtes Kreisfeld erscheinen muss.

Schematisch kann man sich die Sache folgendermaassen darstellen: a_0 bis a_6 (Fig. 1) seien die einzelnen Nervenendorgane (Tastkörperchen der Haut etc.), b_0 bis b_6 die sensiblen Nervenfasern, mit Hilfe deren die Reize centripetal geleitet werden, *EE* seien die Endkölbchen, welche durch Contact gewisse Ganglienzellen, g_0 bis g_6, der grauen Nervensubstanz im Rückenmarke, oder gewisse Nervenkerne im Gehirn erregen. Ein weiteres System von sensiblen Fasern, c_0 bis c_6, welches aus diesen

1) L. Hermann, Lehrbuch der Physiologie, 9. Aufl., S. 467.

Ganglienzellen entspringt, umgreift mit seinen Endarborisationen die sensiblen Zellen der Grosshirnrinde. Möglicherweise können sich solche Unterbrechungen wie *EE* auf dem Wege zu den sensiblen Hirnrindenzellen mehrfach wiederholen. Jede der Ganglienzellen g_0 bis g_6 wird sowohl von näher gelegenen, als auch von entfernteren *b*-Fasern erreicht und erregt. Jede *b*-Faser kann also principiell alle *c*-Fasern erregen, doch ist anzunehmen, dass, je länger die beanspruchten *E*-Fasern, um so grösser auch die Widerstände sind, so dass, wenn a_3, beziehungsweise g_3 erregt wird, c_3 am stärksten, c_2 und c_4 schwächer, c_1 und c_5 etc. noch schwächer erregt werden.

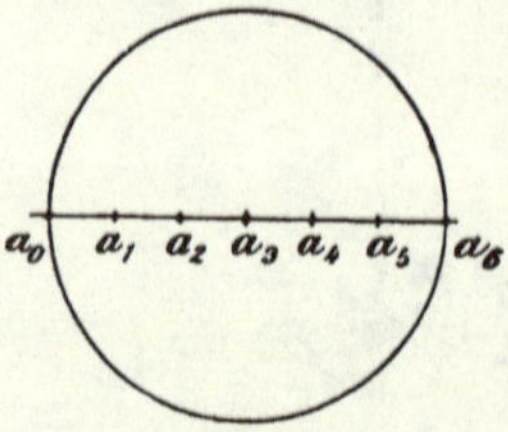

Fig. 2.

Die Projection auf die Haut (Fig. 2) stellt also eine kreisförmig, an einzelnen Körperstellen ellipsenförmig um a_3 ausgebreitete Empfindung dar. Angenommen, dieselbe sei noch merklich auf drei Intervalle, so entsteht ein Empfindungskreis um a_3, der sich in jeder Richtung bis zum dritten Endorgan, also im Durchmesser gezeichnet von a_0 bis a_6 erstreckt (Fig. 2). Diese Länge, welche sechs Intervalle umfasst, kann beispielweise an der Haut der Stirn 5 mm, an der der Fingerbeere 2 mm betragen. Die Empfindung in einem solchen Kreise muss aber in der Mitte am stärksten sein und in irgend einer Curve, deren Ordinaten (Fig. 3) Empfindungsintensitäten sein sollen, abfallen.

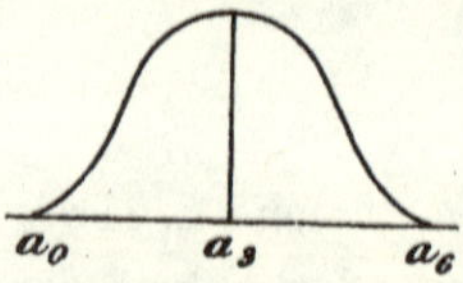

Fig. 3.

Werden nun zwei benachbarte Hautpunkte gleichzeitig erregt, so entstehen zwei Empfindungskreise, welche entweder von einander getrennt sind (Fig. 4), oder sich gerade berühren (Fig. 5), oder mehr oder weniger in einander greifen (Fig. 6).

Stellen wir für einen Punkt *p*, der zwei Empfindungskreisen angehört (Fig. 6), die Intensität der Erregung, die von jedem Centrum einzeln ausgeübt wird, durch je eine in diesem Punkte errichtete Ordinate dar, so ist die Intensität der Gesammterregung in diesem Punkte, der beiden Kreisen angehört, durch die Summe der beiden Ordinaten gegeben. Wiederholt man die Construction für jeden derartigen Punkt, der in zwei Kreisen liegt, so erhält man zu den zwei Curven, welche die Intensität der Erregung von den Centren einzeln angeben, noch eine dritte Curve, welche die Vertheilung derjenigen Intensität veranschaulicht, welche aus den beiden ersteren Intensitäten resultirt. Die Gestalt der dritten Curve ist natürlicher Weise abhängig von der Gestalt

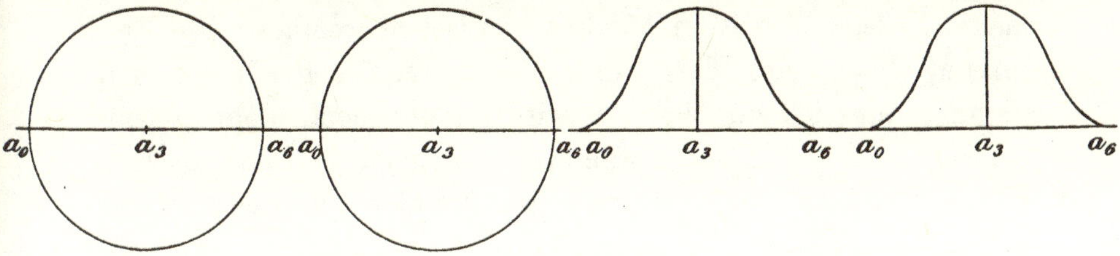

Fig. 4.

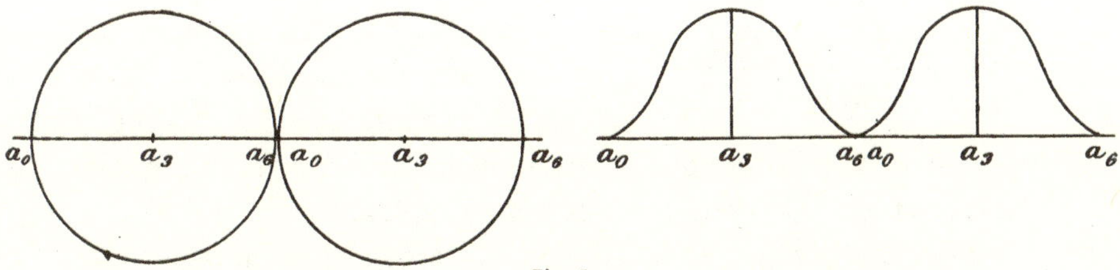

Fig. 5.

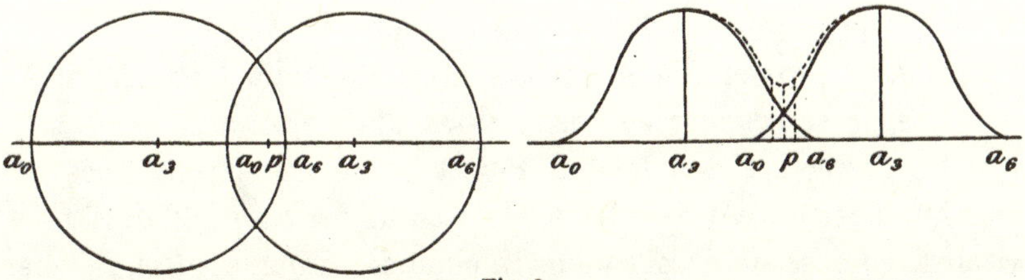

Fig. 6.

der zwei ersten Curven und der Entfernung ihrer Centren. Diese dritte Curve kann eine Einbuchtung zeigen und zwei Maxima aufweisen. Die Einbuchtung ist um so seichter, je mehr die beiden ersten Curven sich übereinander schieben. Schliesslich kann die Einbuchtung verschwinden und ein einziges Maximum auftreten (Fig. 7).

In Bezug auf die Empfindung ist nun Folgendes zu bemerken. Ganz getrennt werden beide Zirkelspitzen gefühlt, wenn die beiden Empfindungskreise sich nicht oder sich gerade berühren, denn dann wird kein Punkt von zwei Stellen aus gereizt.

Rücken sich beide Empfindungskreise näher, so dass sie ineinander greifen, so werden die in beiden liegenden Punkte von beiden Centren aus gereizt und die beiden Intensitäten addiren sich. Die Curve, welche die resultirende Intensitätsvertheilung darstellt, zeigt also zwei Maxima, zwischen welchen eine Einsenkung liegt. Ist diese Einsenkung im Vergleich zu den Maximis hinreichend tief, so wird immer noch doppelt empfunden; je weniger tief aber die Einsenkung im Vergleich zu den Maximis wird, desto undeutlicher wird die Doppelempfindung, bis sie schliesslich, wenn die Einsenkung ganz verschwindet und die resultirende Curve nur **ein** Maximum zeigt, trotz zweier Reize zu **einer** Empfindung verschmilzt, die dann einen höheren Stärkegrad als die vorhergegangenen Empfindungen besitzt.

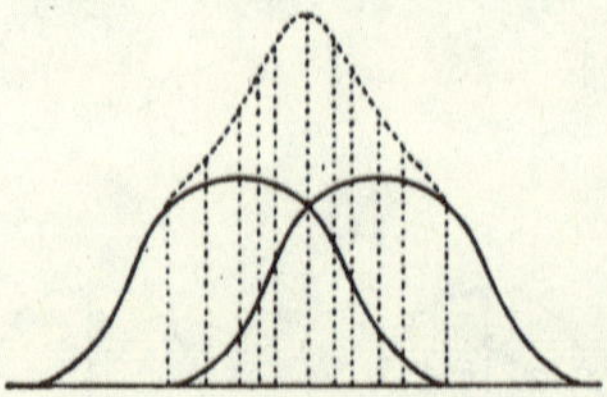

Fig. 7.

Zwei Erregungen einer Hautstelle werden also um so leichter unterschieden:

1. je weiter die Reize von einander rücken;
2. je grösser die Aufmerksamkeit und die Uebung ist;
3. je schwächer ceteris paribus die Reize sind.

In Bezug auf den letzten Punkt ist zu bemerken, dass bei zunehmender Stärke der Reize der Radius der Empfindungskreise wächst, so dass sie immer mehr in einander dringen. Bei gleicher Lage des Mittelpunktes muss daher im Falle schwacher Reize um so deutlicher Doppelempfindung eintreten, je kleiner der Radius ist.

Experimentell kann man mit Hilfe eines der Versuchsperson in die Hand gegebenen Stiftes diejenige Stelle der Haut angeben lassen, an welcher die resultirende stärkste Intensität stattfindet, ebenso diejenigen Stellen, an welchen, wenn getrennt empfunden wird, die Maxima der Erregungen liegen; diese brauchen nicht mit den Erregungscentren zusammenzufallen.

Bei meinen Untersuchungen über die Vergrösserung der Empfindungskreise bei geistiger Ermüdung wählte ich folgende Hautstellen:

1. Stirnglatze (Glabella);
2. Jochbein { hinten (Arcus zygomaticus), Mitte, vorne (Processus frontalis);
3. Nasenspitze;
4. Roth der Unterlippe;
5. Daumenballen der rechten Hand;
6. Kuppe des rechten Zeigefingers (Fingerbeere).

Die genannten Hautgebiete des Gesichtes werden sämmtlich von sensiblen Trigeminusfasern versorgt. Aus dem sensiblen

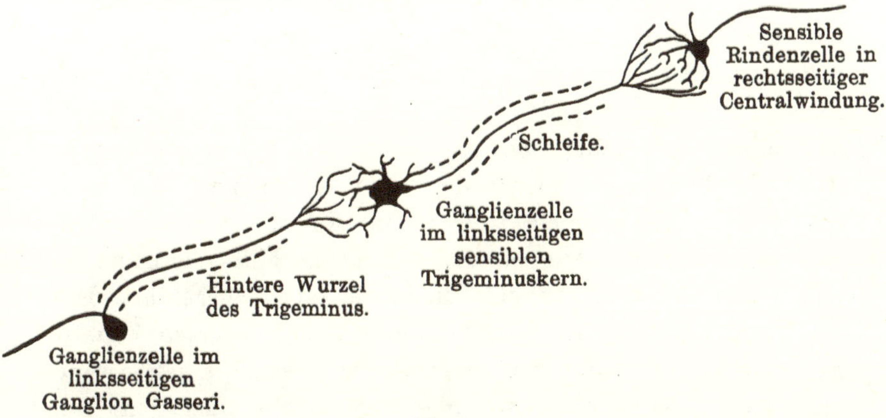

Fig. 8.

Trigeminuskern der einen Körperhälfte verlaufen nach O. Hösel[1]) Fasern, gemischt mit solchen aus den Hinterstrangkernen, durch die Schleife zur Rinde der Centralwindungen der anderen Körperhälfte. Wenn sich diese Angaben bestätigen, dann bilden die Centralwindungen ein sensibles Rindencentrum für den Trigeminus. Man könnte sich die Verbindung schematisch etwa so vorstellen, wie Fig. 8 es zeigt. Vom Daumenballen und der Zeigefingerkuppe, welche vom Nervus medianus innervirt werden,

1) O. Hösel, Die Centralwindungen, ein Centralorgan der Hinterstränge und des Trigeminus. Archiv für Psychiatrie, Bd. XXIV, 1892, S. 452 ff.

verläuft die Erregung durch das Rückenmark etwa in der Weise, wie es von Lenhossek[1]) annimmt.

Bei Ausführung der Versuche habe ich zweierlei Zirkel verwendet, nämlich solche mit sehr scharfen Spitzen und solche, deren Spitzen kugelförmig abgeschliffen worden waren. Die Werthe, welche man mit letzteren erhält, sind im Allgemeinen etwas grösser als diejenigen, welche die scharfen Spitzen ergeben. In den nachstehenden Tabellen habe ich in einzelnen Fällen beide Werthe verzeichnet. — Ich stellte die Versuche in der Weise an, dass ich die Schenkel des Zirkels bald in geringerem, bald in weiterem Abstande von einander leise und unter gleichem Druck senkrecht zur Hautfläche auf die betreffende Körperstelle setzte und diejenige Entfernung aufsuchte, bei welcher zwei Eindrücke als ein Eindruck empfunden wurden. Um die Aufmerksamkeit während des Versuches rege zu erhalten und der Gewöhnung an die Reize entgegenzuwirken, berührte ich bald mit beiden Spitzen, bald nur mit einer Spitze, namentlich auch dann, wenn die Versuchsperson in der Angabe ihrer Empfindung unsicher war. Der schliesslich gefundene Grenzwerth, bei welchem trotz zweier Eindrücke eine Doppelempfindung nicht mehr eintrat, wurde in Millimetern notirt. Alle Messungen wurden natürlich in der Weise ausgeführt, dass die Versuchsperson die Zirkelspitzen nicht beobachten konnte. Es ist bekannt, dass man verschiedene Werthe erhält, wenn man von grösseren zu kleineren Abständen und umgekehrt von kleineren zu grösseren Abständen übergeht; ferner ergeben sich an ein und derselben Hautstelle verschiedene Werthe, je nachdem man die Spitzen in der Längs- oder Querrichtung aufsetzt. Da es sich bei meinen Untersuchungen zunächst nur um den Nachweis handelt, dass geistige Ermüdung die physiologischen Empfindungskreise vergrössert, also die Sensibilität herabsetzt, so habe ich von den verschiedenen Methoden der Messung Abstand genommen. Alle in Nachstehendem gegebenen Zahlen

---

1) M. von Lenhossek, Der feinere Bau des Nervensystems im Lichte neuester Forschungen. Fortschritte der Medicin, 1892, Bd. X, im Separat-Abdruck S. 135.

beziehen sich auf den kleinsten Abstand, bei welchem zwei in der Querrichtung zur Längsachse des Kopfes, beziehungsweise der Extremität ausgeübte Eindrücke einfach empfunden wurden. Die Untersuchungen erstrecken sich namentlich über Schüler verschiedener Klassen der Ober-Realschule und des Gymnasiums in Mülhausen.[1]) Um aber darüber ein Urtheil zu gewinnen, in welchem Grade sich die durch die Anforderungen der Schule hervorgerufene geistige Ermüdung von der bei anderweitiger geistiger Beschäftigung auftretenden Hirnermüdung unterscheidet, dehnte ich die Untersuchungen auch auf andere Personen aus, nämlich

1. auf mit guter Schulbildung ausgerüstete Lehrlinge, die Morgens und Nachmittags Rechnungen und Correspondenzen in verschiedenen Sprachen erledigen,
2. auf junge Männer, die stundenlang praktisch in der mechanischen Weberei thätig sind, wobei sie ihre Aufmerksamkeit bald auf das Muster und das Gewebe, bald auf den Gang des Webstuhles zu richten haben,
3. auf junge Leute, die in Maschinenwerkstätten bei angestrengter körperlicher Arbeit ihre Aufmerksamkeit der Construction des anzufertigenden Maschinentheiles zuwenden müssen.

Die Messungen bewerkstelligte ich Morgens und Nachmittags vor dem Beginn und nach Schluss der Arbeit; bei den Schülern wurden sie überdies nach jeder Lehrstunde wiederholt. In der Ober-Realschule habe ich die Messungen auch während einer schriftlichen und mündlichen Prüfung angestellt, mit welcher die Erlangung des Zeugnisses zum einjährigen Heeresdienste verknüpft ist. Endlich habe ich bei einigen Lehrern vor und nach dem Unterricht Messungen gemacht. Um die physiologischen Normalen für die genannten Hautstellen festzustellen, wählte ich arbeitsfreie Zeiten (Sonn- und Feiertage) und wiederholte die Messungen zu verschiedenen Tageszeiten, wobei sich herausstellte, dass Schwankungen der Sensibilität unter normalen Verhältnissen entweder nicht, oder nur in sehr geringem Grade

---

1) Der verehrl. Direction dieser beiden Anstalten spreche ich für ihr freundliches Entgegenkommen meinen verbindlichsten Dank aus.

vorkommen. Die Genauigkeit, mit welcher ich alle Versuche anstellte, ergibt hinsichtlich der physiologischen Normalen, dass die von mir gefundenen Werthe für die genannten Hautgebiete in den meisten Fällen niedriger sind, als sie bisher in der Literatur verzeichnet wurden. Dies erklärt sich wohl dadurch, dass geistige Ermüdung bei den bisherigen Untersuchungen über den Raumsinn nicht berücksichtigt wurde. Ob die physiologischen Normalen im männlichen und weiblichen Geschlechte verschiedene Werthe aufweisen, darüber habe ich bisher keine Beobachtungen angestellt. Bei Schülern zwischen dem vollendeten elften und neunzehnten Lebensjahre finde ich nur geringe Unterschiede. Nachstehende Tabelle I enthält die Mittelwerthe aus den Messungen an je 10 Individuen. In einigen Fällen habe ich Störungen in der

Tabelle I.

Lebensjahr	11.	12.	13.	14.	15.	16.	17.	18.	19.
Glabella . . . . sp. W.[1]	2,5	4	4,5	4,6	4,6	4	3,5	3,5	3
Nasenspitze . . . » »	1,5	1,5	2	2	3	2,5	2	2	2
Roth der Unterlippe » »	1	1,5	1,5	1,5	1,5	1,5	1,5	2	1,5
Jugum (Mitte) . . » »	4	4,5	5	5	5,5	5	4,5	4	4
Daumenballen . . » »	3,5	3,5	3,5	4	4,5	4	3	4	3,5
Fingerbeere . . . » »	1	1	1	1,5	1,5	1	1	1,5	1,5

Sensibilität wahrnehmen können, in der Art, dass mehr Eindrücke gefühlt, als Zirkelspitzen auf die Haut gesetzt wurden, ferner dass mehrfach eine Vergrösserung des Spitzenabstandes als Verringerung, und andererseits Verringerung desselben als Vergrösserung empfunden wurde. Eine Entscheidung, ob in solchen Fällen eine pathologisch beeinflusste Erregbarkeit der Versuchsperson vorlag, oder ob lediglich geistige Arbeit die Ursache für diese Erscheinungen war, konnte nicht erbracht werden. Es ist jedoch zu bemerken, dass die genannten Störungen sich nach mehrstündigem Unterricht, nicht aber in arbeitsfreier Zeit geltend machten.

Zur Wiederherstellung des normalen Empfindungsvermögens der Haut nach dem Aufhören angestrengter geistiger Thätigkeit,

1) sp. W. bedeutet bei allen Angaben die mit scharfen Zirkelspitzen, st. W. die mit abgeschliffenen Spitzen ermittelten Werthe.

also auch zur vollständigen geistigen Erholung, ist je nach dem Grade der Ermüdung und je nach der physischen und psychischen Beschaffenheit des Individuums eine verschieden lange Zeit erforderlich. In sehr vielen Fällen reichen die gebräuchlichen Erholungspausen zwischen den Lehrstunden nicht aus, um die Sensibilität auf den normalen Zustand zurückzuführen. Bei aufmerksamen, rege dem Unterricht folgenden Schülern hält sich daher die Herabsetzung des Empfindungsvermögens während der aufeinanderfolgenden Schulstunden entweder auf gleicher Stufe, oder die Sensibilität wird noch mehr geschwächt. In vielen Fällen habe ich gefunden, dass die normale Empfindlichkeit nach zweistündiger Mittagspause um 2 Uhr Nachmittags, nach angestrengtem Morgenunterricht, noch nicht zurückgekehrt war, und dass die Herabsetzung des Empfindungsvermögens während des Nachmittagsunterrichtes häufig ihren höchsten Grad erreicht. Der Unterrichtsstoff und die Behandlung desselben sind auf die geistige Ermüdung nicht ohne Einfluss.

Im Allgemeinen ist dieselbe beim Unterrichte in den alten Sprachen, in der Geschichte und in den mathematischen Fächern am bedeutendsten, und zwar um so bedeutender, je mehr Gedächtnisleistungen verlangt werden. Eine weise Vertheilung der Unterrichtsfächer scheint daher geboten. Leider habe ich bis jetzt nicht Gelegenheit gehabt, die Ermüdung der Schüler während ihrer häuslichen Arbeiten zu studiren; doch ist es mir aufgefallen, dass manche Schüler, insonderheit diejenigen der mittleren und oberen Klassen, beim Beginne des Morgenunterrichtes, namentlich dann, wenn dieser, wie es leider vielfach Sitte ist, im Sommer auf 7 Uhr festgesetzt wird, mit einem nicht unbedeutend herabgesetzten Empfindungsvermögen behaftet sind. Diese Erscheinung führt zu der Vermuthung, dass die Schlafzeit in solchen Fällen eine unzureichende war.

Die vergleichenden Untersuchungen an den oben näher bezeichneten Personen lehren, dass bei diesen eine so bedeutende geistige Ermüdung, wie sie während des Schullebens beobachtet wird, nicht auftritt. Sobald die Concentration der Hirnthätigkeit auf ein bestimmtes Arbeitsgebiet nachlässt, beginnt die Erholung, und mit ihr kehrt die normale Sensibilität der Haut allmählich zurück. Um daher bei Messungen, welche die Sensibilitätsverminderung während der Gehirnarbeit feststellen sollen, möglichst genaue Resultate zu erhalten, müssen dieselben gleich nach Schluss der Arbeitszeit ausgeführt werden.

Einigermaassen genaue Resultate lassen sich nur dann erzielen, wenn ein und derselbe Experimentator die Untersuchung unter Berücksichtigung nur weniger Hautstellen auf höchstens zwei bis drei Versuchspersonen ausdehnt. Durch energische und anhaltende geistige Thätigkeit ohne genügende Erholungspausen scheint das Empfindungsvermögen dauernd herabgesetzt zu werden; es kann daher eine dauernd verminderte Sensibilität ein diagnostisches Mittel für geistige Ueberbürdung sein.

Ich will nun die Resultate meiner Messungen hier näher betrachten; bemerkt sei noch, dass ich bei allen Personen, die hier zur Besprechung gelangen, wenn thunlich Angaben über die Körperbeschaffenheit und, soweit es sich feststellen liess, auch über die geistige Begabung hinzufüge.

R. H. (Tab. II), Schüler der Untertertia (Ober-Realschule), 13 Jahre alt (nähere Angaben später), kam an einem schulfreien Nachmittage, und ohne dass er sich vorher geistig beschäftigt hatte, um 4 Uhr zur Messung. Er erhielt darauf eine Privatstunde in Mathematik, in welcher er geometrische Constructionen an der Tafel vorzunehmen und im Kopfe zu rechnen hatte.

Tabelle II.

	4 Uhr		5 Uhr	
	sp. W.	st. W.	sp. W.	st. W.
Glabella	3,5	4	10,5	13,5
Nasenspitze	2	2	4	5
Lippenroth	1,5	1,5	2,5	3
Jochbein (Mitte)	5	5	13,5	15
Daumenballen r.	4	4,5	8	11
Fingerbeere r.	1,5	2	2,5	2,5

Ich lasse nun zunächst einige Tabellen folgen, in denen sich die Zahlen der ersten Spalte auf die Messung nach mehreren wissenschaftlichen Schulstunden, zwischen denen Pausen von 10—15 Minuten liegen, die der zweiten Spalte auf die Messung nach mehrstündiger Erholung in schulfreier Zeit beziehen.

Tabelle III.

A. B.	12 Uhr Mittags nach 5 Lehrstunden		4 Uhr Nachm. ohne vorh. geist. Besch.	
Alter 11 J. Cl. Quinta	sp. W.	st. W.	sp. W.	st. W.
Glabella	10	11	4	4,5
Nasenspitze	5	6	2,5	3
Lippenroth	2	2,5	1,5	1,5
Jochbein (Mitte)	16	17	6	7
Daumenballen r.	9,5	10	4	5
Zeigefingerbeere r.	3,5	3,5	1,5	1,5

Tabelle IV.

R. L.	12 Uhr Mittags nach 5 Lehrstunden		4 Uhr Nachm. ohne vorh. geist. Besch.	
Alter 11 J. Cl. Quinta	sp. W.	st. W.	sp. W.	st. W.
Glabella	13	14	4	4,5
Nasenspitze	4	5	2	2
Lippenroth	2	2	1	1
Jochbein (Mitte)	12,5	15	5	6
Daumenballen r.	9	9,5	3	3,5
Zeigefingerbeere r.	2	2,5	1	1

Tabelle V.

C. F.	12 Uhr Mittags nach 5 Lehrst.	6½ Uhr Abends ohne vorherige geistige B.
Alter 12. Cl. Quinta	sp. W.	sp. W.
Glabella	10	4
Nasenspitze	4	2
Lippenroth	3,5	1,5
Jochbein (Mitte)	14	5
Daumenballen r.	10	5
Zeigefingerbeere r.	3,5	1,5

Tabelle VI.

J. L.	12 Uhr Mittags nach 5 Lehrst.	4 Uhr Nachm. ohne vorherige geistige B.
Alter 12. Cl. Quinta	sp. W.	sp. W.
Glabella	13,5	5
Nasenspitze	5	3
Lippenroth	4	2
Jochbein (Mitte)	17	6
Daumenballen r.	10	5,5
Zeigefingerbeere r.	3	1,5

Tabelle VII.

M. W.	12 Uhr Mittags nach 5 Lehrstunden	6½ Uhr Abends ohne vorh. geist. B.
Alter 12 J. Cl. Quinta	sp. W.	sp. W.
Glabella	12	3,5
Nasenspitze	4[1])	1,5
Lippenroth	2	1
Jochbein (Mitte)	16,5[2])	3,5
Daumenballen r.	8	4
Zeigefingerbeere r.	2,5	1

In Tabelle VIII und IX sind die Messungen an 2 Schülern der zweiten Oberrealklasse (Unterprima) verzeichnet, und zwar in der ersten Spalte nach dreistündiger Arbeit in einer Schlosserei-werkstätte, in der zweiten Spalte nach 3 wissenschaftlichen Lehrstunden und in der dritten Spalte nach längerer Erholung ohne vorherige geistige Beschäftigung.

Tabelle VIII.

M. D.	Nachm. 5 Uhr nach 3 stünd. Schlosserarb.	Morgens 10 Uhr nach 3 Lehrstund.	4 Uhr Nachm. ohne vorh. geistige B.
Alter 17½ J. Cl. I_2	sp. W.	sp. W.	sp. W.
Glabella	4,5	13	4,5
Nasenspitze	3	4	2,5
Lippenroth	1,5	4	1,5
Jochbein (Mitte)	4	19	3
Daumenballen r.	7,5	12	3
Zeigefingerbeere r.	2,5	3	1

1) Es finden sich Störungen der Sensibilität; bei 5 mm Entfernung werden statt 2 Eindrücken 4 empfunden.

2) Bei 17 bis 19 mm Entfernung werden bei 2 Eindrücken 3 gefühlt.

Tabelle IX.

A. G.	Nachm. 5 Uhr nach 3 stünd. Schlosserarb.	Morgens 10 Uhr nach 3 Lehrstund.	7 Uhr Abends ohne vorh. geistige B.
Alter $17^1/_2$ J. Cl. I_2	sp. W.	sp. W.	sp. W.
Glabella	4	12	3,5
Nasenspitze	3	5	2
Lippenroth	2	4	2
Jochbein (Mitte)	5,5	18	5
Daumenballen r.	8,5	11	5
Zeigefingerbeere r.	2,5	3	1,5

Aus den Tabellen VIII und IX ist Zweierlei zu ersehen: 1. dass das Empfindungsvermögen durch mechanische Thätigkeit weit weniger als durch geistige Thätigkeit beeinträchtigt wird und 2. dass wenn eine Verminderung bei mechanischer Thätigkeit eintritt, dieselbe hauptsächlich lokal ist und sich auf Anstrengung einzelner unter der Haut gelegener Muskeln zurückführen lässt.

Tabelle II gibt den interessanten Aufschluss, dass schon nach einer Stunde angestrengter Geistesarbeit eine erhebliche Herabsetzung des Empfindungsvermögens eintritt. Die Zahlenwerthe sind von denjenigen in Tabelle III, IV und V wenig unterschieden, obgleich sich die letzteren auf eine fünfstündige Arbeitszeit beziehen. Dies kann jedoch nicht Wunder nehmen, wenn man bedenkt, dass in einer Privatstunde die Hirnarbeit des Schülers eine viel intensivere sein muss, weil er fortwährend allein in Anspruch genommen wird. —

Ich komme nun zu den Resultaten, welche durch die Messungen nach jeder Unterrichtsstunde gewonnen wurden, wobei ich die sich entsprechenden Classen des Gymnasiums und der Oberrealschule zusammenstelle.

Wenn man die Maasszahlen als Abscissen, die Messungszeiten als Ordinaten in ein rechtwinkeliges Coordinatensystem einträgt, so lässt sich der verschiedene Grad der Sensibilität für jedes Hautgebiet durch eine Curve darstellen, aus deren Verlauf zugleich die Zu- und Abnahme der geistigen Ermüdung durch die verschiedenen Unterrichtsfächer erkennbar ist.

Oberrealschule. Cl. V.

Schülerzahl 33, Zahl der wöchentlichen Schulstunden 30, festgesetzte durchschnittliche tägliche häusliche Arbeitszeit 1½ Stunden, tägliche Beanspruchung des Schülers seitens der Schule 6½ Stunden.

1. C. F. (Derselbe Knabe wie in Tab. V.) Alter V. 1881, Körperlänge 148 cm, Gewicht 37 kg, Haar blond, Augen blau, Begabung und Fleiss ziemlich gut. Bemerkungen: Nichts Auffälliges. Zu Bette ½10 Uhr, aufgestanden um 6 Uhr.

Tabelle X.

Lehrplan		7—8 Naturgesch.	8—9 Rechnen	9—10 Geograph.	10—11 Turnen	11—12 frei	Mittagspause	2—3 Rechnen	3—4 Arb.-Stunde	Sonntags
Messungszeiten	7 h	8 h	9 h	10 h	11 h		2 h	3 h	4 h	11 h
sp. W.					stark erhitzt					
Glabella	3,5	4	10	9	9,5		4,5	11	11	3,5
Nasenspitze	2	2	2,5	3	3		1,5	3	3	2
Roth der Unterlippe . .	2	2	2,5	3,5	2		2	3	2	1,5
Jochbein (Mitte) . . .	4	5	9	15	13		6	14	14	3,5
Rechter Daumenballen .	4	4	6	10	6		4,5	7	7	4
Rechte Zeigefingerkuppe	1,5	1,5	2	3	2		1,5	2	2	1

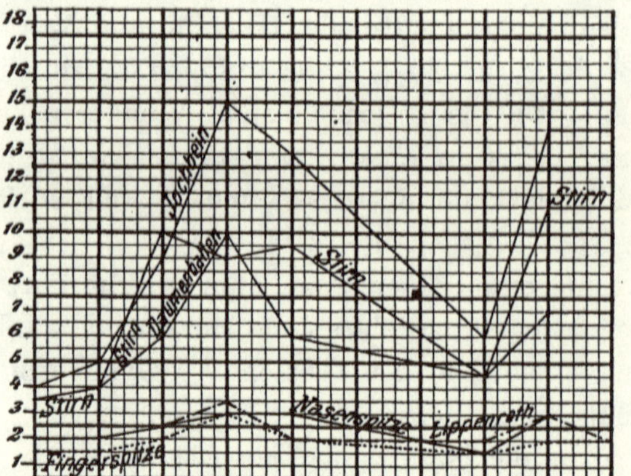

Aus der Tab. X ist ersichtlich, dass die Werthe vor dem Beginn des Morgenunterrichtes annähernd mit denjenigen, die an einem Sonntage gewonnen wurden, übereinstimmen. Beim

Beginne des Nachmittagsunterrichtes hat eine völlige Erholung nicht stattgefunden. Während des Unterrichtes wird die Sensibilität um das Dreifache schwächer. Die Curven steigen von 8 bis 9, beziehungsweise 10 Uhr und von 2 bis 3 Uhr steil an.

2. **X. F.** Alter VIII. 1881, Körperlänge 146 cm, Gewicht 38 kg, Haar braun, Augen braun, Begabung und Fleiss gut. Bemerkungen: Blasse Gesichtsfarbe, Panniculus (Fettpolster) schwach entwickelt, manchmal Nasenbluten. Zu Bett nach 9 Uhr, aufgestanden ½6 Uhr.

Tabelle XI.

Lehrplan		7—8 Natur-gesch.	8—9 Rech-nen	9—10 Geo-graph.	10—11 Tur-nen	11—12 Sin-gen	Mittags-pause	2—3 Rech-nen	3—4 frei	Sonntags
Messungszeiten	7 h	8 h	9 h	10 h	11 h	12 h	2 h	3 h		11 h
sp. W.										
Glabella	4	5	8,5	9	etwas erhitzt 10	8,5	5,5	12,5		3,5
Nasenspitze	2,5	2,5	3	5	5	3,5	2,5	5		2
Roth der Unterlippe . .	2	2	2,2	3	3	2	1,2	2,5		1,5
Jochbein (Mitte) . . .	4	4	11	15	13	12	4	15,5		3
Rechter Daumenballen .	3,5	4	6	11,5	10	7,5	3	8		3,5
Rechte Zeigefingerkuppe	1,2	1,5	2	2,5	2	2	1,5	2		1

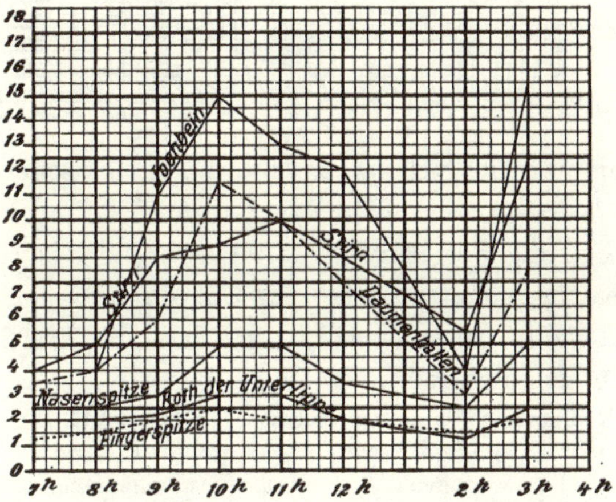

3. **M. W.** (Derselbe Knabe wie in Tab. VII.) Alter IV. 1882, Körperlänge 138 cm, Gewicht 36 kg, Haar blond, Augen blau, Begabung mittelmässig, Fleiss mittelmässig. Bemerkungen: Nervöse Unruhe und erhöhte Reflexerregbarkeit. Zu Bett nach 9 Uhr, aufgestanden 6 Uhr.

Tabelle XII.

Lehrplan		7—8 Naturgesch.	8—9 Rechnen	9—10 Geograph.	10—11 Turnen	11—12 Singen	Mittagspause	2—3 Rechnen	3—4 Arb.-Stunde	Sonntags
Messungszeiten	7 h	8 h	9 h	10 h	11 h	12 h	2 h	3 h	4 h	11 h
sp. W.										
Glabella	4,5	5	7,5	7	6,5	6	4,5	6,5	10	3
Nasenspitze	1,2	1,5	2,5	2	2	2	1,3	2,5	3,5	1
Roth der Unterlippe . .	1,5	1,5	2,5	1	1	1	1	1,5	1,5	1
Jochbein (Mitte) . . .	5	5	7	12	11	10	7	10 [1])	14 [2])	3,5
Rechter Daumenballen .	3	3	6	7,5	6	4,5	3,5	5	7,5	3
Rechte Zeigefingerkuppe	1,5	1,5	2,2	2	2	1,5	1	2	2	1

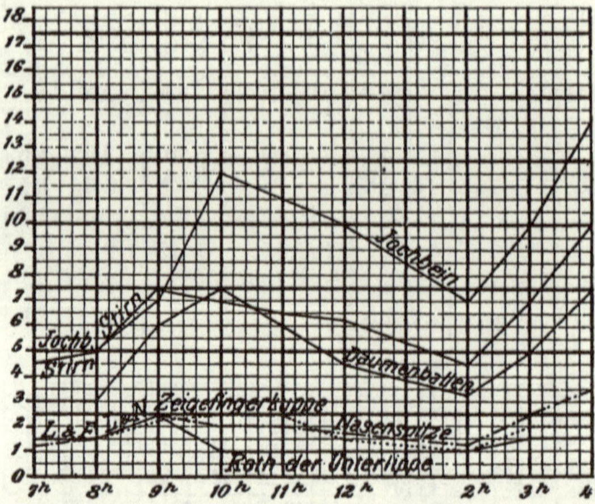

In der Tabelle XII liegen die physiologischen Normalen unter den Werthen um 7 Uhr Morgens und 2 Uhr Nachmittags. Die Herabsetzung der Sensibilität ist während des Nachmittagsunterrichtes am bedeutendsten. Die Curven verlaufen namentlich in Tab. XI steil. Interessant ist es, dass die Werthe während des Turnunterrichtes relativ hoch bleiben.

4. A. B. (Derselbe Knabe wie in Tab. III.) Alter VII. 1882, Körperlänge 138 cm, Gewicht 32 kg, Haar braun, Augen graublau, Begabung ziemlich gut, Fleiss gering. Bemerkungen: Anaemisches Aussehen, schlaffer Orbicularis oculi (Augenringmuskel), starke Epheliden (Sommersprossen) im Gesicht, Panniculus und Muskulatur recht mangelhaft entwickelt, gebraucht zeitweise roburirende Arzeneimittel. Zu Bette nach 9 Uhr, aufgestanden um 6 Uhr.

1) Bei 11 mm Entfernung werden 2 Eindrücke als 3 empfunden.

2) Bei 16 mm Entfernung werden 2 Eindrücke als 5 empfunden, auf verschiedene Stellen der Backe vertheilt.

Tabelle XIII.

Lehrplan		7—8 Natur-gesch.	8—9 Fran-zösisch	9—10 Deutsch	10—11 Deutsch	11—12 frei	Mittags-pause	3—3 Natur-gesch.	3—4 Arb.-Stunde	Sonntag
Messungszeiten	7h	8h	9h	10h	11h		2h	3h	4h	11h
sp. W.										
Glabella	4	5	7	7,5	10		3,5	4	7,5	3,5
Nasenspitze	2	2,5	2,5	2,5	3		1,5	1,5	2,5	1,5
Roth der Unterlippe . .	1	1,5	2,5	2,5	2,5		1,5	2,5	2,5	1
Jochbein (Mitte) . . .	7,5	7,5	12,5	12,5	14		3	6	13	5
Rechter Daumenballen .	3	3,5	4	4	6,5		3	5	6	3
Rechte Zeigefingerkuppe	1,5	1,5	1,5	1,5	2		1,5	1,5	2	1

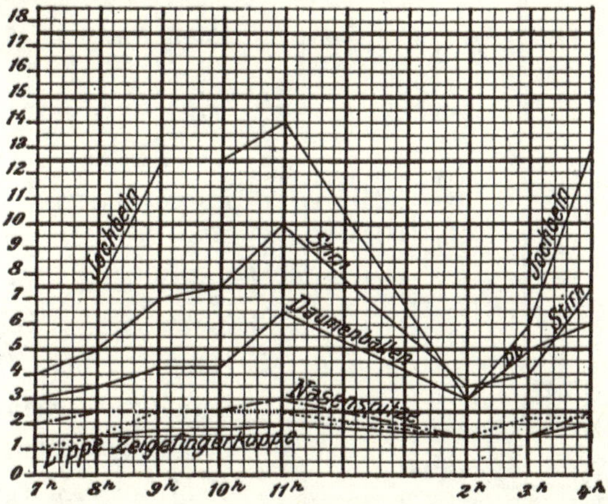

In Tab. XIII, der ein anderer Unterrichtsplan zu Grunde liegt, da der Schüler sich in der Parallelabtheilung der V. Klasse befindet, erscheinen die Werthe Morgens 7 Uhr im Vergleich zu den physiologischen Normalen zu hoch. Die Curven steigen aber im Verlaufe des Unterrichtes weniger steil an wie in den Tab. X und XI.

Gymnasium. Cl. V.

Schülerzahl 35, Zahl der wöchentlichen Schulstunden 30, festgesetzte durchschnittliche tägliche häusliche Arbeitszeit 1½ Stunden, tägliche Beanspruchung des Schülers seitens der Schule 6½ Stunden.

1. **F. K.** Alter VII. 1883, Körperlänge 138 cm, Gewicht ?, Haar blond, Augen braun, Begabung und Fleiss gut. Bemerkungen: Orbicularis oculi schlaff, stark injicirte (gefüllte) Blutgefässe der Sclera (weisse Haut des Auges).

Tabelle XIV.

Lehrplan		7—8 Französ.		8—9 Zeichnen		9—10 Rechnen		10—11 Latein		11—12 Schreiben		Mittagspause			Kein Nachmitt.-Unt.	Sonntags
Messungszeiten	7 h		8 h		9 h		10 h		11 h		12 h		2 h			10h
Sp. W. u. st. W																	
Glabella . .	8	8,5	7,5	7,5	4,5	5	9	10,5	10	12	3,5	3,5		2,5	3		Nicht gemessen
Nasenspitze .	2	2,5	2	2,5	2	2	2	2,5	2,2	3	2	2		1,5	2		
Roth d. Unterlippe . .	1,5	1,5	1,5	1,5	1	1	1,5	1,5	2	2	1,2	1,2		1	1		
Jochbein (Mitte) . .	7	9	7	9,5	6	7,5	15	16	15	17	4	5		4	4,5		
Rechter Daumenballen	4	5	4	5	4	4,5	6	7	6,5	7,5	3,5	3,5		3	3,5		
Rechte Zeigefingerkuppe	1,5	1,5	1	1	1	1	2,2	2,2	2,2	2,2	1,3	1,3		1	1		

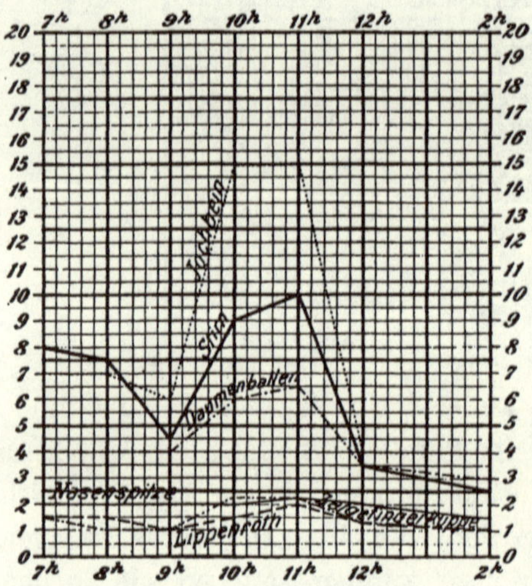

Die Tab. XIV zeigt den interessanten Fall, dass die Werthe Morgens 7 Uhr höher sind, als nach der ersten und zweiten Unterrichtsstunde. Dazu muss bemerkt werden, dass der Schüler, welcher für 6 Uhr 45 Minuten Morgens bestellt war, in Folge eines Missverständnisses schon um 6 Uhr 15 Minuten zur Schule kam. Er war gegen 5 Uhr aufgestanden und hatte zweifelsohne zu wenig geschlafen. Nachdem die Sensibilität bis 9 Uhr zugenommen hat, vermindert sie sich alsdann erheblich und ist um 11 Uhr am geringsten. Während der letzten Stunde tritt schnell Erholung ein, und die Maasszahlen um 2 Uhr dürfen als physiologische Normalen betrachtet werden. — Die Werthe Morgens 7 Uhr wurden noch an einem anderen Tage ermittelt; es ergaben sich dann allerdings niedrigere, im Vergleich mit den Normalen aber immer noch zu hohe Zahlen, nämlich: Glabella 5 und 6; Nasenspitze 2 und 2; Lippe 1,5 und 1,5; Jochbein 6 und 7; Daumenballen 4 und 5; Fingerkuppe 1,5 und 1,5. Dieser Umstand führt zur Vermuthung, dass die Nachtruhe für den betreffenden Schüler im Allgemeinen zu kurz bemessen ist.

2. **E. M.** Alter III. 1883, Körperlänge 142 cm, Gewicht ?, Haar blond, Augen blaugrau, guter Fleiss bei ziemlich guter Begabung. Bemerkungen: Orbicularis oculi etwas schlaff, linker Unterkieferwinkel mit Naevus (Muttermal), etwas blasse Gesichtsfarbe. Der Schüler pflegt gegen 9 Uhr zu Bette zu gehen und um 6 Uhr aufzustehen.

Tabelle XV.

Lehrplan			7—8 Franzözich		8—9 Zeichnen		9—10 Rechnen		10—11 Latein		11—12 Schreiben		Mittagspause			Kein Nachm.-Unterricht	Sonntags	
Messungszeiten	7 h		8 h		9 h		10 h		11 h		12 h			2 h			10 h	
sp. W. u. st. W.																		
Glabella . .	4	5	4	5	2,5	3,5	7	8	7,5	8,5	4	5		2,5	3		2,5	3
Nasenspitze .	2,5	2,5	2,5	2,5	2	2	3	3,5	3	3,5	2,5	2,5		2	2		1,5	2
Roth d. Unterlippe . .	1,5	1,5	2	2	1,5	1,5	1,5	2	2,5	2,5	1,5	1,5		1	1		1	1
Jochbein (Mitte) . .	7,5	8	7,5	8	5	5,5	9,5	10	12	13	4	4,5		4,5	5		4	5
Rechter Daumenballen	4	5	4	5	3,5	4	6	6,5	6	6,5	2,5	3		2,5	2,5		2	3
Rechte Zeigefingerkuppe	2	2	2	2	1,5	1,5	2	2	2	2	1,5	1,5		1	1		1	1

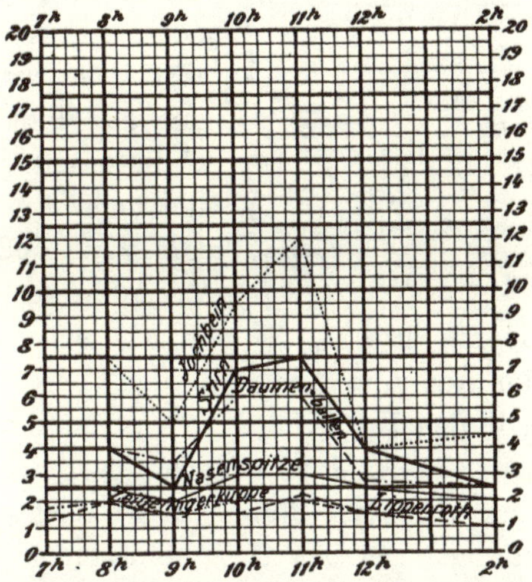

3. **J. F.** Alter VI. 1883, Körperlänge 136 cm, Gewicht 32 kg, Haar dunkelblond, Augen braun, Begabung und Fleiss mittelmässig. Bemerkungen: Nichts Auffälliges. Zu Bette ½10 Uhr, aufgestanden um 6 Uhr.

Tabelle XVI.

Lehrplan			7—8 Französisch		8—9 Freistunde		9—10 Rechnen		10—11 Latein		11—12 Schreiben		Mittagspause			Kein Nachm.-Unterricht	Sonntags	
Messungszeiten	7 h		8 h		9 h		10 h		11 h		12 h			2 h			11 h	
sp. W. u. st. W.																		
Glabella . .	6	6,5	5	5,5	3	4	6,5	7,5	10,5	11	3	4		2	2,5		2	3
Nasenspitze .	2,5	2,5	2	2	1	1	2,5	3	3	3	2	2		1,5	1,5		1,5	1,5
Roth d. Unterlippe . .	2,5	2,5	2	2,5	1	1	2,5	2,5	2,5	2,5	1,3	1,5		1	1,5		1	1,5
Jochbein (Mitte) . .	7	8	7	8	4,5	5	10	12	15	18	4,5	5		3	4		3	3,5
Rechter Daumenballen	4	5	4	5	4	5	6	7	7	8,5	3	4		2,5	3		2,5	3,5
Rechte Zeigefingerkuppe	1,5	2	1,5	2	1,2	1,5	2	2	2,2	2,5	1	1		1	1		1	1,5

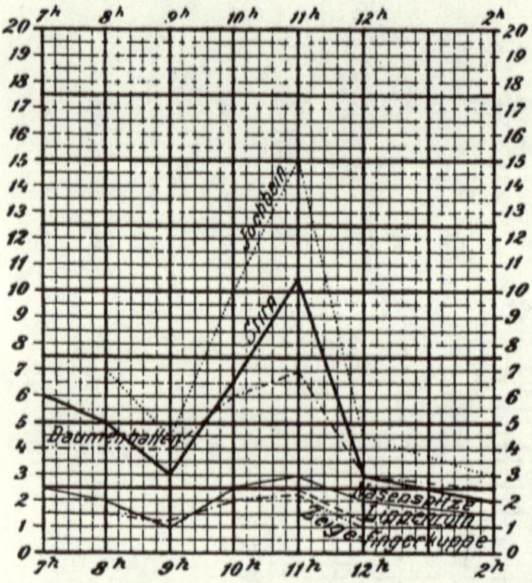

Die verhältnismässig hohen Werthe, welche die Tab. XVI Morgens 7 Uhr zeigte, führen zur Vermuthung, dass die Nachtruhe des Schülers eine ungenügende war. Im Uebrigen ist das Sinken der Werthe nach der Freistunde um 9 Uhr recht interessant. Vergleicht man die Messungen an den Schülern mit gleichem Lehrplan unter einander, so findet man zwar individuelle Verschiedenheiten, im Allgemeinen ist jedoch, wie die Tab. X, XI und XII zeigen, eine gewisse Aehnlichkeit im Auf- und Absteigen der Curven nicht zu verkennen. Auch in den Tab. XIV, XV, XVI ist eine solche Aehnlichkeit vorhanden. In der Gymnasial-Quinta erreichen die meisten Curven nach der lateinischen Stunde, in der Real-Quinta nach der Rechen-, beziehungsweise der Geographiestunde ihr Maximum.

Ein Vergleich zwischen den Gymnasiasten und den Realschülern fällt zu Gunsten der ersteren aus; denn 1. halten sich bei ihnen die Curven weniger lange auf gleicher Höhe und 2. ist die Erholung durch den Ausfall des Nachmittagsunterrichtes einheitlicher und andauernder.

Zwischen den Maximis der Curven besteht in der Classe Quinta beider Anstalten kein erheblicher Unterschied.

Oberrealschule. Cl. IV.

Schülerzahl 31, Zahl der wöchentlichen Schulstunden 32, festgesetzte durchschnittliche tägliche häusliche Arbeitszeit 1 Stunde 40 Minuten, tägliche Beanspruchung des Schülers seitens der Schule 7 Stunden.

1. G. F. Alter I. 1881, Körperlänge 149 cm, Gewicht 45½ kg, Haar dunkelblond, Augen braun, Begabung gut, Fleiss genügend. Bemerkungen: Nichts Auffallendes. Schlafzeit 10 bis 6 Uhr.

Tabelle XVII.

Lehrplan		7—8 Deutsch	8—9 Zeichnen	9—10 Zeichnen	10—11 Schreiben	11—12 Französisch	Mittagspause		2—3 Geschichte	3—4 Turnen	Ferientag	
Messungszeiten	7 h	8 h	9 h	10 h	11 h	12 h		2 h	3 h	4 h	11 h	
sp. W.											sp. W.	st. W.
Glabella	4,5	5	7	4	4	9		3,5	6	5	3,5	3,5
Nasenspitze . .	1	2,5	3	2	2	2		1,5	2	2	1,5	2
Roth d. Unterlippe	1,2	2	2	2	2	2,5		1,2	1,5	2	1,5	1,5
Jochbein (Mitte) .	4	8	12	9	9	12,5		5	8	7,5	3,5	4
Ballen des rechten Daumens . .	4,5	4,5	4,5	4	4	5		3	3,5	4,5	3	3,5
Kuppe des rechten Zeigefingers . .	1,5	2,2	2,2	2	2	2,5		1,5	2	2	1	1

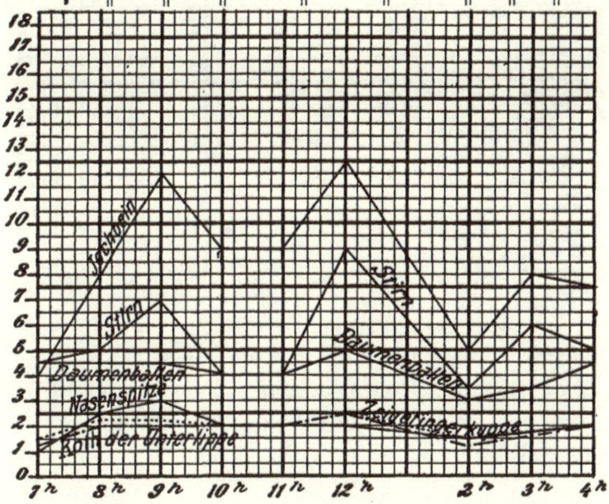

2. **R. D.** Alter III. 1880, Körperlänge 133 cm, Gewicht 33 kg, Haar blond, Augen blau, Begabung mittelmässig, Fleiss gering. Bemerkungen: Blasses Aussehen, scharfe Gesichtszüge, Orbicularis oculi schlaff, zahlreiche Hautfalten in der Umgebung der Augen und auf der Stirn, Panniculus und Muskulatur mangelhaft entwickelt. Schlafzeit 10 bis 6 Uhr.

Tabelle XVIII.

Lehrplan		7—8 Deutsch	8—9 Zeichnen	9—10 Zeichnen	10—11 Schreiben	11—12 Französisch	Mittagspause		2—3 Geschichte	3—4 Turnen	Sonntags					
Messungszeiten	7 h	8 h	9 h	10 h	11 h	12 h		2 h	3 h	4 h	10 h 30		3 h		6 h 30	
sp. W.											sp. W.	st. W.	sp. W.	st. W.	sp. W.	st. W.
Glabella	4	8	7	6	6	8		4,5	6	6	4,5	5	4,5	5,5	4	4,5
Nasenspitze	1,5	2,2	2,5	2	2	4		1,5	1,8	2,5	1,5	2	1,5	2	1,5	2
Roth d. Unterlippe	1	2,5	2	2	1,5	2,5		1,2	1,5	2	1	1	1	1	1	1
Jochbein (Mitte)	4	7,5	13	11,5	11,5	14,5		5,5	9	8,5	4	4,5	5	5	4,5	5
Ballen des r. Daumens	3	4,5	6	5	5	5,5		3,5	6	5	3	3,5	3	4	3	4
Kuppe des r. Zeigefing.	1	2	2	2	2	2,5		1,2	1,5	1,8	1	1	1	1	1	1

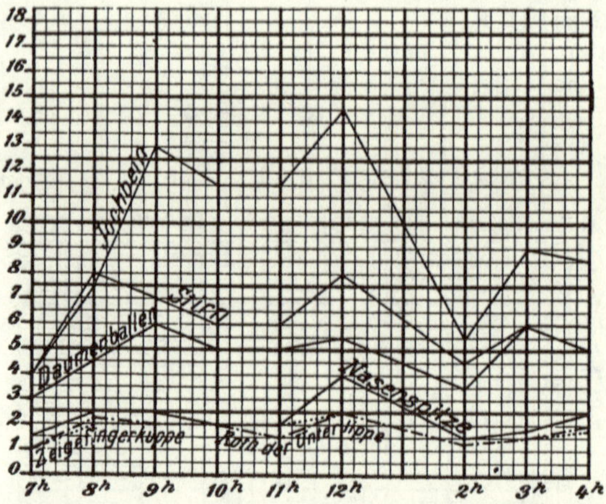

3. **J. S.** Alter 13, Körperlänge 152 cm, Gewicht 45 kg, Haar dunkelblond, Augen blau, Begabung mittelmässig, Fleiss genügend. Bemerkungen: Anaemisches Aussehen, wechselt die Farbe auffallend, hat sehr weite Pupillen. Schlafzeit 10 bis ½6 Uhr.

Tabelle XIX.

Lehrplan		7—8 Deutsch	8—9 Zeichnen	9—10 Zeichnen	10—11 Schreiben	11—12 Französisch	Mittagspause		2—3 Geschichte	3—4 Turnen	Sonntags	
Messungszeiten	7h	8h	9h	10h	11h	12h		2h	3h	4h	11h	
											sp. W.	st. W
Glabella . . .	4	7	7	7	6	11		4,8	6	6	2	3
Nasenspitze . .	1,5	3	2,5	3	2,5	3,5		2	2	3	1,5	1,5
Roth d. Unterlippe	1,5	2,2	2	2,2	2,5	3		1,5	1,5	2,5	1	1
Jochbein (Mitte) .	7	8,5	15,5	17,5	15	19		6	10	11	3	4
Ballen des recht Daumens . .	6	6,5	5	6	4,8	7		3,5	5	6	2	2,5
Kuppe des recht. Zeigefingers .	1,5	2	2,2	2,2	2	3		1,5	1,8	2	1	1

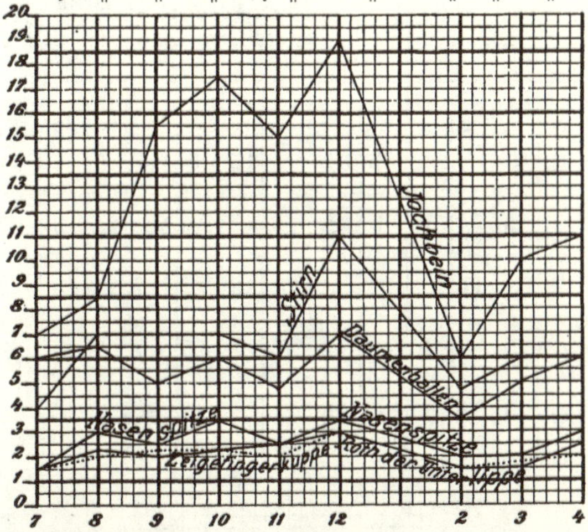

In der Classe IV der Ober-Realschule erreichen die Curven während des Nachmittagsunterrichtes nur geringe Höhe. Die physiologischen Normalen sind in zwei Fällen (Tab. XVII u. XVIII) von den Maasszahlen Morgens 7 Uhr und nachmittags 2 Uhr wenig verschieden; nur bei dem Schüler, dessen Maasse in Tab. XIX gegeben sind, liegen sie unter den Werthen für 7 Uhr und 2 Uhr. Auch ist der Unterschied in der Sensibilität, namentlich an der Glabella, und dem Jugum in arbeitsfreier Zeit (Sonntag) und nach Unterrichtsschluss um 12 Uhr ein auffallend grosser. — In Tab. XVIII zeigen die drei Sonntagsmessungen, dass irgend eine nennenswerthe Tagesschwankung der Sensibilität unter normalen Verhältnissen nicht besteht.

Gymnasium. Cl. IV.

Schülerzahl 21, Zahl der wöchentlichen Schulstunden 32, festgesetzte durchschnittliche tägliche häusliche Arbeitszeit 1 1/2 Stunden, tägliche Beanspruchung des Schülers seitens der Schule 6 Stunden 55 Minuten.

1. **P. W.** Alter 19. V. 1882, Körperlänge 142 cm, Gewicht 36 kg, Haar hellblond, Augen braun, Begabung und Fleiss gut. Bemerkungen: Welker Orbicularis oculi, Haut in der Umgebung des Auges in viele Falten gelegt, Lid- und Scleralgefässe injicirt, weite Pupillen, es besteht Ohrenfluss aus dem rechten Ohre, Panniculus schwach entwickelt. Schlafzeit 9 bis 6 Uhr.

Tabelle XX.

Lehrplan			7—8 Naturlehre		8—9 Latein		9—10 Geometrie		10—11 Geographie		11—12 Latein		Mittagspause			K. Nachm.-Unt.
Messungszeiten	7 h		8 h		9 h		10 h		11 h		12 h			2 h		
Sp. W. u. st. W.																Messungen am Sonntage konnten wegen Erholungsreise des Schülers nicht angestellt werden.
Glabella . .	5	6	8	9	11,5	11,5	12,5	13	11	11,5	12	12		5	6	
Nasenspitze .	3	4	5	6,5	5	6,5	6	6,5	5	5,5	6	7		3	4	
Roth d. Unterlippe . . .	2	2,5	2,2	2,5	3	3,5	3,5	3,5	2,5	2,5	2,5	3		2	2,5	
Jochbein (Mitte) . .	7	7,5	11	11	12	14	17	18	11	11,5	17	18		5	6	
Ballen des r. Daumens .	5	5,5	6	8	6	8	8	9,5	6,5	7,5	8	10		3,5	4	
Kuppe des r. Zeigefingers	2,5	2,5	2,5	2,5	2,5	2,5	2	2	2	2	2	2,5		2	2,5	

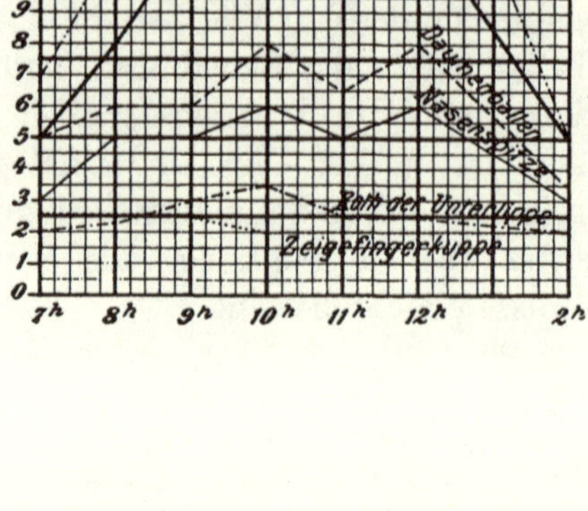

2. **P. Sch.** Alter VII. 1882, Körperlänge 145 cm, Gewicht 35 kg, Haar hellblond, Augen blau, Begabung und Fleiss ziemlich gut. Bemerkungen: Haut über dem Orbicularis oculi zeigt Falten, markirte Züge um Nase und Mund, Gesicht mit starken Epheliden; nervöse Unruhe des Kopfes und leichtes Zittern der Hände lässt Innervationsschwäche einzelner Muskelgruppen vermuthen. Schlafzeit 8¼ bis 6 Uhr.

Tabelle XXI.

Lehrplan			7–8 Naturlehre		8–9 Latein		9–10 Geometrie		10–11 Geograph.		11–12 Latein		Mittagspause			Kein Nachm.-Unterricht	Sonntags	
Messungszeiten	7 h		8 h		9 h		10 h		11 h		12 h			2 h			10 h	
	sp. W.	st. W.	sp. W.	st. W.	sp. W.	st. W.	sp. W.	st. W.	sp. W.	st. W.	sp. W.	st W.		sp. W.	st. W.		sp. W.	st. W.
Glabella . .	9	10	6	7	9	10	6	6,5	5	5,5	9	11		3	3,5		3	3,5
Nasenspitze .	4	5	2,5	3	2,5	3	2,5	3	2	2,5	5	6		2	2		1,5	2
Roth d. Unterlippe . .	2	2,5	1,5	2	1,5	2	2	2	1,5	1,5	2	2,5		1,5	2		1,5	1,5
Jochbein (Mitte) . .	8	9	8	9	11	12	9	10	7	8	16	16		4,5	5		4	4,5
Ballen des r. Daumens	5,5	5,5	4	4,5	6	7,5	5	6	4	5	6	7,5		4	4,5		3	4
Kuppe des r. Zeigefing.	2	2	1,5	2	2	2,5	1,5	1,5	1,8	1,8	3	2,5		1,5	1,5		1	1

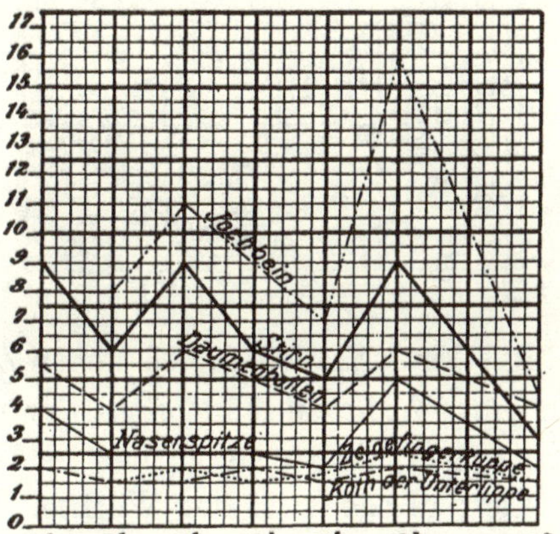

3. **K. M.** Alter III. 1881, Körperlänge 151 cm, Gewicht 36 kg, Haar braun, Augen braun, Begabung und Fleiss mittelmässig. Bemerkungen: Hautgefässe der Augenlider stark injicirt, Stirn mit longitudinalen Falten, Panniculus und Muskulatur schwach entwickelt, übrigens frische Gesichtsfarbe. Schlafzeit 10½ bis 6 Uhr. (!)

Tabelle XXII.

Lehrplan		7—8 Naturlehre		8—9 Latein		9—10 Geometrie		10—11 Geograph.		11—12 Latein		Mittagspause			Kein Nachm.-Unterricht	Sonntags	
Messungszeiten	7 h		8 h		9 h		10 h		11 h		12 h			2 h			10 h
	sp. W.	st. W.	sp. W.	st. W.	sp. W.	st. W.	sp. W,	st. W.	sp. W.	st. W.	sp. W.	st. W		sp. W.	st. W.		sp. W.	st. W.
Glabella . .	5	6	3,5	3,5	4	5	6	6,5	3,5	4	7	8		4	4,5		3	3
Nasenspitze .	2	2,5	1	1,5	2	2	2	2	2	2	2,5	3		1,8	2		1	1
Roth d. Unterlippe . .	1,2	1,5	1,2	1,5	1,5	1,5	1,5	1,5	1,5	1,5	2,5	3		1	1,5		1	1
Jochbein (Mitte) . .	6,5	7,5	4,5	5	6	7	6	7	5,5	6	13	15		5,5	6		4	4,5
Ballen des r. Daumens	4	5	4	5	4,5	6	4,5	6	3,5	4	5	6		4	5		3	4
Kuppe des r. Zeigefing.	1,2	1,5	1,2	1,5	1,5	1,5	1,5	1,5	1,5	1,5	2	3		1,5	2		1	1

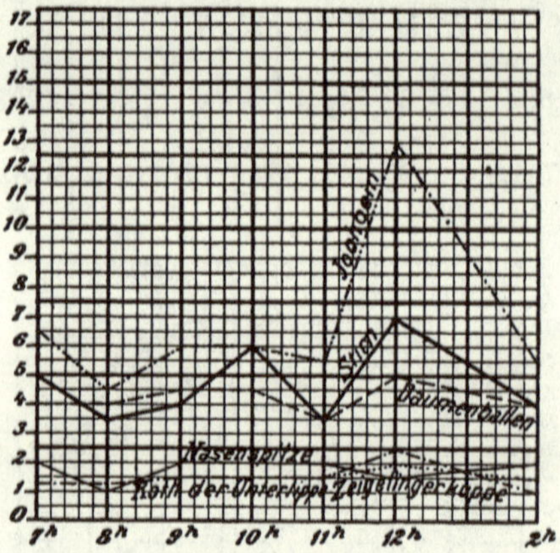

In den Tab. XX bis XXII fallen die hohen Zahlen Morgens 7 Uhr unliebsam auf. Während die meisten Curven in Tab. XX von 7 bis 8 Uhr steigen, fallen sie in den beiden anderen Tabellen zu dieser Zeit; übrigens ist der Wechsel im Steigen und Fallen der Curven in allen drei Tabellen recht interessant. Wenn man die Messungsresultate für die Klasse IV der beiden Lehranstalten vergleicht, so findet man, dass bei den Gymnasialschülern die Sensibilität im Allgemeinen durch den Morgenunterricht bedeutender herabgesetzt wird als bei den Realschülern.

Oberrealschule. Cl. III (Untertertia).

Schülerzahl 40, Zahl der wöchentlichen Schulstunden 32, festgesetzte durchschnittliche tägliche häusliche Arbeitszeit 1 Stunde 45 Minuten, tägliche Beanspruchung des Schülers seitens der Schule 7 Stunden 5 Minuten.

1. **R. G.**, Kaufmannssohn. Alter V. 1880, Körperlänge 150 cm, Gewicht 42 kg, Haar blond, Augen blau, Begabung und Fleiss ziemlich gut. Bemerkungen: Panniculus schwach entwickelt, sonst nichts Auffallendes. Der Schüler ist gegen 11 Uhr zu Bette gegangen und morgens 6 Uhr aufgestanden(!)

Tabelle XXIII.

Lehrplan		7—8 Geograph.	8—9 Turnen	9—10 Deutsch	10—11 Algebra	11—12 Religion	Mittagspause		2—3 Rechnen	4—3 Französisch	Ferientag		
Messungszeiten	7 h	8 h	9 h	10 h	11 h	12 h		2 h	3 h	4 h	11 h	3 h	7 h
sp. W.			Schüler ist sehr stark erhitzt.										
Glabella . . .	6	6	8,5	7	7,5	7,5		5	11	11,5	4,5	5	5
Nasenspitze . .	2	2	3,5	2	2,5	2,5		2,5	3	4	2	2	2
Roth der Unterlippe . . .	2	2	2,5	2	2,5	2,5		1,5	2,5	3	1,5	1,5	1,5
Jochbein (Mitte)	9	10	15	9,5	10	11		7	15	18	6	6	5,5
Ballen d. recht. Daumens . .	5,5	5,5	7	5	5,5	6		4	6	5	5	4,5	4,5
Kuppe d. recht. Zeigefingers .	2,5	2,5	2	2	2,5	2		1,5	2	2,5	1,5	1,5	1,5

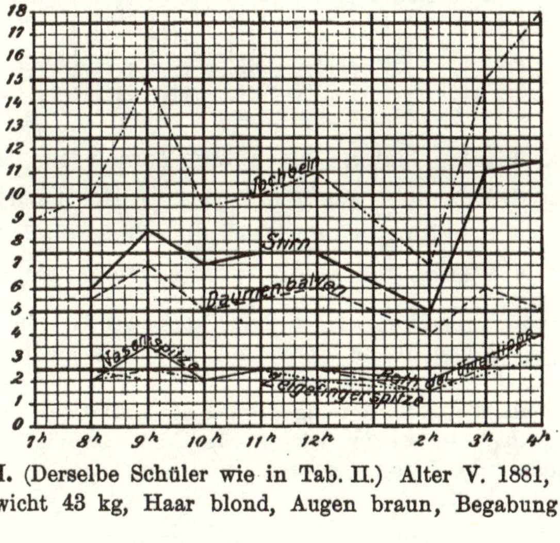

2. **R. H.** (Derselbe Schüler wie in Tab. II.) Alter V. 1881, Körperlänge 145 cm, Gewicht 43 kg, Haar blond, Augen braun, Begabung und Fleiss

ziemlich gut. Bemerkungen: Nichts Auffallendes. Schlafzeit 9, bezw. 10 bis 6 Uhr.

Tabelle XXIV.

Lehrplan		7—8 Geograph.	8—9 Turnen	9—10 Deutsch	10—11 Algebra	11—12 Religion	Mittagspause		2—3 Rechnen	3—4 Französisch	Sonntags	
Messungszeiten	7 h	8 h	9 h	10 h	11 h	12 h		2 h	3 h	4 h	11 h	
sp. W.											sp. W.	st. W.
Glabella	4	5	4	6	6,5	7,5[1])		3	9	9,5	3	3,5
Nasenspitze . .	2	2,5	2,2	2,5	2,5	2,5		1,6	2	2,5	1,5	2
Roth d. Unterlippe	1,8	2	1,8	2	2,5	2,5		1	1,5	1,5	1	1
Jochbein (Mitte) .	6	6,5	6	9,5	10	14		3	12,5	17[3])	3,5	4,5
Ballen des rechten Daumens . . .	4,5	5	4	5	5	6[2])		3	6	7[4])	3	3,5
Kuppe des rechten Zeigefingers . .	2	2	2	2	2	2		1	2	2,5	1	1

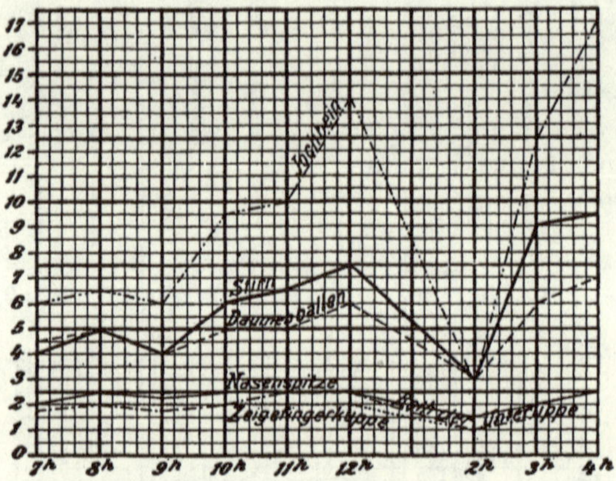

In Tab. XXIII deuten die hohen Zahlen um 7 Uhr an, dass die Nachtruhe nicht genügend war. — Die Turnstunde hat nicht nur keine Erholung, sondern ziemlich bedeutende Ermüdung gebracht. Die Werthe um 2 Uhr können noch als normal be-

1) Bei 9 mm Entfernung wurden 2 Eindrücke als 3 gefühlt.

2) Zwischen 7 und 10 mm Entfernung wurden 2 Eindrücke als drei empfunden.

3) Bei 18 bis 20 mm Entfernung wurden bei 2 Eindrücken 3 und mehr empfunden, auch fehlte es an richtigen Angaben über die Vergrösserung und Verkleinerung des Zwischenraumes der Zirkelspitzen.

4) Bei 8 mm Entfernung wurden 2 Eindrücke für 3 gehalten.

trachtet werden. Während des Nachmittagsunterrichtes erreichen die Curven, mit Ausnahme der für den Daumenballen, mit meist steilem Anstieg ihre grösste Höhe. Aus den drei Messungen an einem Ferientage geht wiederum hervor, dass die Sensibilität keine nennenswerthen Tagesschwankungen zeigt. In Tab. XXIV tritt von 9 bis 12 Uhr eine fortwährende Abnahme der Sensibilität ein. Die Werthe um 2 Uhr sind normal, die um 7 Uhr erscheinen zu hoch. Die Curven für den Nachmittagsunterricht sehen denen in Tab. XXIII ähnlieh. — Da die Störungen in der Sensibilität in arbeitsfreier Zeit nicht auftreten, so liegt die Vermuthung nahe, dass sie mit der Gehirnermüdung in Zusammenhang stehen.

Gymnasium. Cl. III b (Untertertia).

Schülerzahl 34, Zahl der wöchentlichen Schulstunden obligatorisch 32, facultativ 4, festgesetzte durchschnittliche tägliche häusliche Arbeitszeit 2 Stunden, tägliche Beanspruchung des Schülers seitens der Schule 7 Stunden 20 Minuten, beziehungsweise 8 Stunden.

1. **G. Ch.** Alter IV. 1881, Körperlänge 139 cm, Gewicht 32 kg, Haar blond, Augen blau, Begabung und Fleiss gut. Bemerkungen: Haut in der Umgebung der Augen leicht faltig, Epheliden im Gesichte, sonst nichts Auffallendes. Schüler ging um ½9 Uhr zu Bette, schlief aber erst nach 10 Uhr ein und stand um ½6 Uhr auf.

Tabelle XXV.

Lehrplan			7—8 Latein		8—9 Natur-gesch.		9—10 Latein		10—11 Mathematik		11—12 Frei	Mittagspause			Kein Nachm.-Unterricht	Sonntags	
Messungszeiten	7 h		8 h		9 h		10 h		11 h				2 h			½11 h	
	sp. W	st. W.	sp. W.	st. W.	sp. W.	st. W.	sp. W.	st W.	sp. W.	st. W.			sp. W.	st. W.		sp W.	st. W.
Glabella . .	3,5	4	4	5	3,5	4	7	9	6	7			2,5	3		3	3
Nasenspitze .	1,5	2	1,5	2	1,5	2	2	2	1,5	2			1	1		1	1
Roth d. Unterlippe . .	1,2	3	1,5	3	1,5	3	2	3,5	1,2	1,2			1	1		1	1
Jochbein (Mitte) . .	7,5	9	9,5	10	6	7	9	10	7,5	8			3	4		3	4,5
Ballen des r. Daumens	2	2,5	3	4	3	4	5	7	3	3,5			1,8	2		2	2
Kuppe des r. Zeigefing.	1,3	2	2	2	1,5	2	2	2,5	1,5	1,5			1	1		1	1

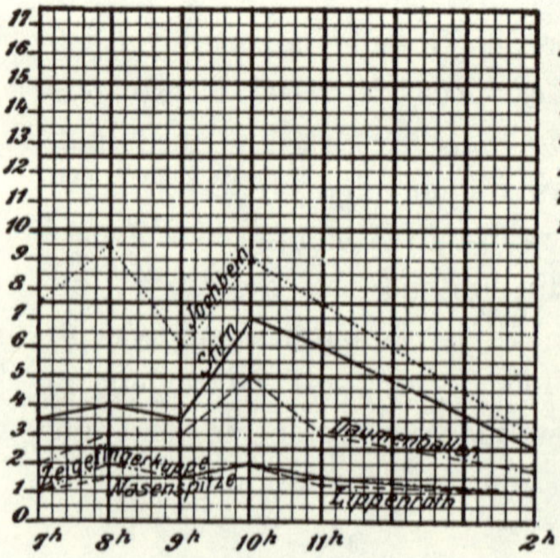

Curve zu Tab. XXV.

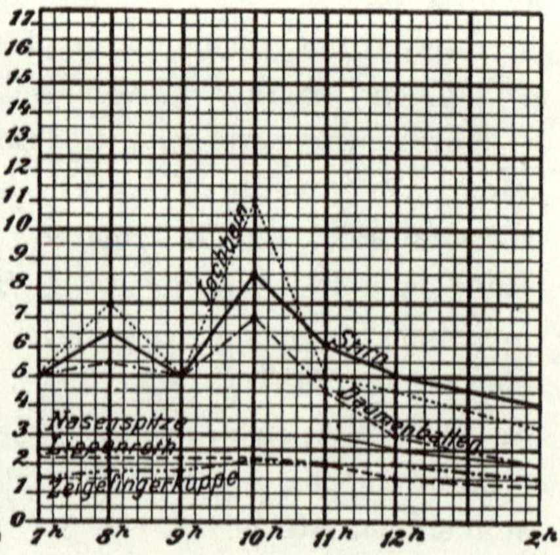

Curve zu Tab. XXVI.

2. **M. H.** Alter VI. 1880, Körperlänge 150 cm, Gewicht 43 kg, Haar blond, Augen blau, Begabung und Fleiss mittelmässig. Bemerkungen: Epheliden im Gesicht, injicirte Scleralgefässe, sonst nichts Auffallendes. Schlafzeit 9 bis 6 Uhr.

Tabelle XXVI.

Lehrplan	7—8 Latein		8—9 Naturgesch.		9—10 Latein		10—11 Mathematik		11—12 Religion		Mittagspause			Kein Nachm.-Unterricht	Sonntags	
Messungszeiten	7 h		8 h		9 h		10 h		11 h		12 h			2 h			½11 h	
	sp. W.	st. W.	sp. W.	st. W.	sp. W.	st. W.	sp. W.	st. W.	sp. W.	st. W.	sp. W.	st. W.		sp. W.	st. W.		sp. W.	st. W.
Glabella . .	5	5	6,5	7,5	5	5	8,5	9,5	6	7	5	5,5		4	4,5		3,8	4
Nasenspitze .	3	3	3	3	3	3	3	3	3	3	2,5	2,5		2	2		2	2
Roth d. Unterlippe . . .	2,2	2,2	2,2	2,5	2,5	2,5	2,2	2,5	2	2	1,5	1,5		1,2	2		1,5	2
Jochbein (Mitte) . .	5	7	7,5	8	5	6	11	12	5	6	4,5	5		3,2	3,5		3	3,5
Ballen des r. Daumens	5	5	5,5	6	5	5	7	8	4,5	5	3	3,5		2	2,5		2	2,5
Kuppe des r. Zeigefing.	1,5	2	1,8	2,5	1,8	2	2,2	3	2	2	1,5	2		1,2	1,5		1	1

3. **C. B.** Alter VIII. 1881, Körperlänge 143 cm, Gewicht 36 kg, Haar schwarz, Augen braun, Begabung ziemlich gut, Fleiss gering. Bemerkungen: Haut in der Umgebung des Auges mit zahlreichen Falten, Zungenschleimhaut zeigt eigenthümliche tiefe Rillen, im Gesichte Epheliden, Muskulatur wenig entwickelt. Schlafzeit 9 bis 6 Uhr.

Tabelle XXVII.

Lehrplan			7–8 Latein		8–9 Naturgesch.		9–10 Latein		10–11 Mathematik		11–12 Religion		Mittagspause			Kein Nachm.-Unterricht	Sonntags	
Messungszeiten	7 h		8 h		9 h		10 h		11 h		12 h			2 h			11 h	
	sp. W.	st. W.	sp. W.	st. W.	sp. W.	st. W.	sp. W.	st. W.	sp. W.	st. W.	sp. W.	st. W.		sp. W.	st. W.		sp. W.	st. W.
Glabella . .	5	6	6,5	7	6	6,5	8	9	8	9	7,5	8		3	3,5		3	3
Nasenspitze.	3	4	4	4,5	4	4,5	4	5	3	5	4	4,5		2,5	2,5		2	3
Roth d. Unterlippe . . .	2	2	2	2	2	2	2	2,5	2	2,5	2	2		1,5	1,5		1,5	2
Jochbein (Mitte) . .	6,5	7,5	8	8,5	6,5	6,5	15	15	15	15	11	11,5		4,5	5		5	6
Ballen des r. Daumens	3,5	4	4	5	3,5	4	4	5	4	5	5	5,5		2,5	3		3,5	4
Kuppe des r. Zeigefingers	1,5	1,5	2	2	2	2	2	2	2	2	2	2		1,2	1,5		1,5	1,5

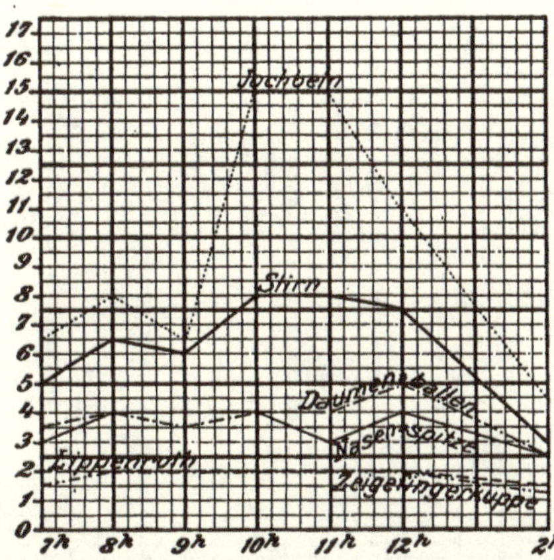

Unter den Schülern der III. Classe des Gymnasiums steht derjenige, dessen Maasse in der Tab. XXV verzeichnet sind, am günstigsten. Die Zahlen um 7 Uhr sind mit Ausnahme von denen für das Jochbein normal, und die für 2 Uhr liegen zum Theil noch unter den Sonntagswerthen. Während des Unterrichts ist die Herabsetzung der Sensibilität keine sehr bedeutende. Etwas ungünstiger liegen die Verhältnisse in Tab. XXVI und XXVII. Ein Vergleich zwischen den drei Gymnasiasten und den beiden Realschülern ergibt zwar für die letzteren ein geringeres Arbeitsmaass, allein der mit wissenschaftlichen Fächern belastete Nachmittag fällt zu ihren Ungunsten aus.

Oberrealschule. Cl. II (Obertertia).

Schülerzahl 32, Zahl der wöchentlichen Schulstunden 32 und 4 Stunden praktische Arbeiten in der Werkstätte, festgesetzte durchschnittliche tägliche häusliche Arbeitszeit 2 Stunden, tägliche Beanspruchung des Schülers seitens der Schule 7 Stunden 20 Minuten, bezw. 8 Stunden.

1. **M. K.** Alter IX. 1880, Körperlänge 160 cm, Gewicht 36 kg, Haar blond, Augen blau, Begabung und Fleiss gut. Bemerkungen: Im Gesichte grosse Epheliden, Orbicularis oculi etwas schlaff, Stirnfalten, manchmal Nasenbluten, medicinirt zeitweise Eisenpillen. Der Schüler ging um 11 Uhr zu Bette und stand um ½6 Uhr auf(!)

Tabelle XXVIII.

Lehrplan		7—8 Geometrie	8—9 Naturgesch.	9—10 Religion	10—11 Englisch	11—12 frei	Mittagspause		2—3 Naturlehre	3—4 Turnen	4—5 Geograph.	Sonnab. Nachm.	
Messungszeiten	7 h	8 h	9 h	10 h	11 h			2h	3 h	4 h	5 h	5 h	
sp. W.												sp. W.	st. W.
Glabella	6	9	7	6	10			7,5	8	5	6	3,2	4
Nasenspitze . .	3	4,5	4,5	3	4			3,5	4,5	3	3,5	2	2,5
Roth d. Unterlippe	1,5	1,8	2	2	3			2	2	1,2	2,5	1,5	1,5
Jochbein (Mitte) .	7,5	8	8	5	12			12	12	6	11	5	5,5
Ballen des rechten Daumens . . .	4,5	6,5	4	3	7			7	6	6	6	3	4
Kuppe d. rechten Zeigefingers .	1,5	2	2	1,5	2,5			2,5	2	2	2	1	1

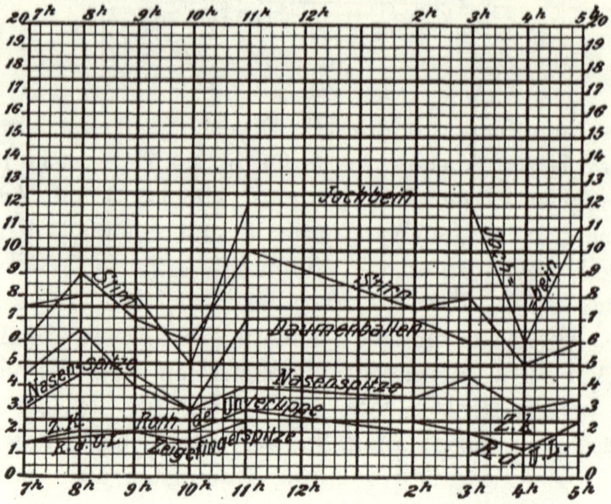

2. **H. K.** Alter V. 1878, Körperlänge 168 cm, Gewicht 55 kg, Haar roth, Augen blau, Begabung und Fleiss ziemlich gut. Bemerkungen: Haut auf der Stirn und in der Umgebung der Augen mit Falten, markirte Gesichtszüge, stark geröthete Augenlider, injicirte Scleralgefässe, Panniculus mangelhaft entwickelt, der Schüler hatte zur Zeit der Messungen fast täglich Nasenbluten, der Schlaf ist häufig unruhig und wird durch Aufschrecken unterbrochen. Schlafzeit ½11 bis 6 Uhr (!)

Tabelle XXIX.

Lehrplan		7—8 Geometrie	8—9 Naturgesch.	9—10 Religion	10—11 Englisch	11—12 frei	Mittagspause		2—3 Naturlehre	3—4 Turnen	4—5 Geograph.	Sonntags	
Messungszeiten	7 h	8 h	9 h	10 h	11 h			2h	3 h	4 h	5 h	10 h	
sp. W.												sp. W.	st. W.
Glabella	4,5	4,5	6,5	8,5	9			5	6	5	6	3,5	4
Nasenspitze . .	2	4	4,5	5	5			4	4	4	4	1,5	2
Roth d. Unterlippe	1,5	2	2	2	2,5			2	2	2	2	1	1
Jochbein (Mitte) .	6	10	11	12	17			7	9	7	8,5	4	4,5
Ballen des rechten Daumens . . .	5,5	9	9	9	10			6	7	7	8	4,5	5
Kuppe d. rechten Zeigefingers . .	1,5	1,5	2	2	2,5			1,5	2	2	3	1	1,5

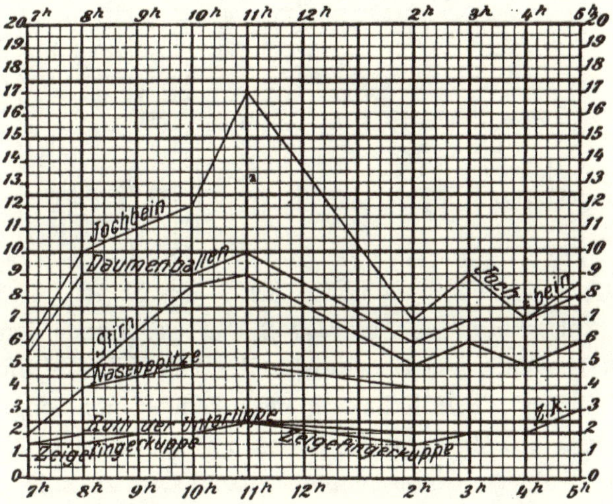

3. **L. E.** Alter X. 1879, Körperlänge 150 cm, Gewicht 40 kg, Haar schwarz, Augen braun, Begabung und Fleiss mittelmässig. Bemerkungen: Stirnfalten, öfters Kopfschmerz in der rechten Supraorbitalgegend (Oberaugenhöhlengegend) und öfters Nasenbluten. Schüler pflegt gegen 11 Uhr zu Bette zu gehen und um 6 Uhr aufzustehen. (!)

Tabelle XXX.

Lehrplan		7–8 Geometrie	8–9 Naturgesch.	9–10 Religion	10–11 Englisch	11–12 frei	Mittagspause		2–3 Naturlehre	3–4 Turnen	4–5 Geograph.	Ferientag	
Messungszeiten	7 h	8 h	9 h	10 h	11 h			2h	3 h	4 h	5 h	11 h	
sp. W.												sp. W.	st. W.
Glabella	6	6,5	4	4	6			6	10	6	7,5	3	3,5
Nasenspitze . .	2	4	4,5	3	3,5			3	3	3	3	1,5	2
Roth d. Unterlippe	1,5	2	2,5	2	2,5			2,5	3	2	2	1,5	2
Jochbein (Mitte) .	8	8	11,5	9	15			13	14	6	8	4,5	5
Ballen des rechten Daumens . . .	5	6,5	6,5	4	8			6	6	5	5	3	4
Kuppe d. rechten Zeigefingers . .	2	2	2,5	2	2,5			2	2	1,5	2	1,5	1,5

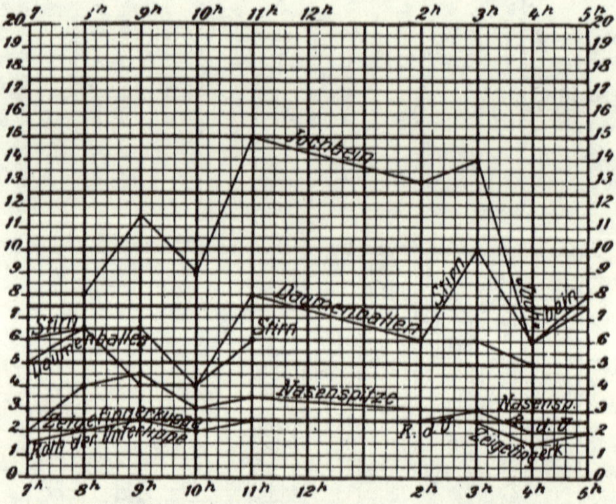

In Tab. XXVIII, XXIX, XXX erscheinen die Werthe Morgens 7 Uhr und Nachmittags 2 Uhr gegenüber den physiologischen Normalen viel zu hoch. In Tab. XXVIII und XXIX ist Nachmittags 2 Uhr Erholung kaum eingetreten, obgleich seit dem Schluss des Morgenunterrichtes 3 Stunden verstrichen sind. Die Schüler dieser Classe gehen entschieden zu spät zu Bette, 6½ bis 7 Stunden Schlaf sind in der Pubertätszeit zu wenig.

Gymnasium. Cl. III a (Obertertia).

Schülerzahl 22, Zahl der wöchentlichen Schulstunden 32 und 4 facultative Stunden, festgesetzte durchschnittliche häusliche Arbeitszeit 2 Stunden, tägliche Beanspruchung des Schülers seitens der Schule 7 Stunden 20 Minuten, bezw. 8 Stunden.

1. **H. H.** Alter IV. 1879, Körperlänge 164 cm, Gewicht 53½ kg, Haar blond, Augen graublau, Begabung ziemlich gut, Fleiss mässig. Bemerkungen: Stark geröthete Lidränder, es besteht Seborrhoe (krankhafte Absonderung der Liddrüsen), injicirte Scleralgefässe, Orbicularis oculi schlaff, Panniculus und Muskulatur mangelhaft entwickelt. Schlafzeit 9 bis 6 Uhr.

Tabelle XXXI.

Lehrplan			7—8 Griechisch		8—9 Deutsch		9—10 Französ.		10—11 Geschicht.		11—12 Latein		Mittagspause			K. Nachm.-Unt.	Sonntags	
Messungszeiten	7 h		8 h		9 h		10 h		11 h		12 h			2 h			½12h	
	sp. W.	st. W.	sp. W.	st. W.	sp. W.	st. W.	sp. W.	st. W.	sp. W.	st. W.	sp. W.	st. W.		sp. W.	st. W.		sp. W.	st. W.
Glabella . . .	5,5	7	8,5	9	6,5	8	8,5	9	8,5	9	11,5	11,5		6,5	8,5		4,5	5
Nasenspitze .	3	5	3,5	6	3	4,5	3	4,5	3	4,5	3,5	5		3	5		2,5	3
Roth d. Unterlippe . . .	2,5	3	3	4	2,5	2,5	2,5	2,5	3	4	3	4		3	4		2	2
Jochbein (Mitte) . .	5,5	6	12	12	7,2	8	13	14	17	17	20	20		8,5	10		4	5
Ballen des r. Daumens	5	5,5	9	10,5	6	7	7	7,5	10	10	11	12		6,5	7		4,5	5
Kuppe des r. Zeigefing.	2,5	2,5	3	3	2,8	3	2,5	3	3	3	2,5	3		2,5	2,5		2	2

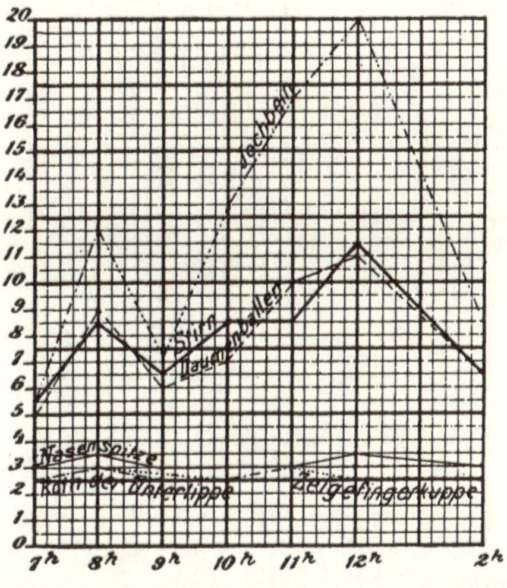

2. **P. F.** Alter V. 1881, Körperlänge 156 cm, Gewicht 45 kg, Haar blond, Augen blau, Begabung und Fleiss gut. Bemerkungen: Der Schüler macht einen sehr nervösen Eindruck, es besteht erhöhte Reflexerregbarkeit,

an Kopf und Gliedmaassen werden zitternde und zuckende Bewegungen wahrgenommen, es besteht Hyperaesthesie (Ueberempfindlichkeit), die Eindrücke der Zirkelspitzen werden manchmal schmerzhaft und noch längere Zeit nach erfolgter Wegnahme empfunden, Orbicularis oculi schlaff, Haut um die Augen faltig, Brille −2,75. Von Seiten der Lehrer wird angegeben: Leicht abgelenkt, unruhiges nervöses Wesen. Der Schüler pflegt um 9 ¼ zu Bette zu gehen und um ¾6 Uhr aufzustehen.

Tabelle XXXII.

Lehrplan			7—8 Griechisch		8—9 Deutsch		9—10 Französ.		10—11 Geschicht.		11—12 Latein		Mittagspause			Kein Nachm.-Unterricht	Sonntags	
Messungszeiten	7 h		8 h		9 h		10 h		11 h		12 h			2 h			11 h	
	sp. W.	st. W.	sp. W.	st. W.	sp. W.	st. W.	sp. W.	st. W.	sp. W.	st. W.	sp. W.	st. W.		sp. W.	st. W.		sp. W.	st. W.
Glabella . .	10	11	10,5	11,5	10,5	11,5	8	8	10,5	10,5	12	13		8,5	9		4,5	5
Nasenspitze.	3	3,5	3,5	5,5	3,5	5,5	3,5	5,5	3,5	5,5	4	5		4	5		1,5	2
Roth d. Unterlippe . . .	3,5	4	4	4,5	4	4,5	3	4	3,5	4	4,5	4,5		3,5	4		2	2
Jochbein (Mitte) . .	12	13	12	13	12	13	11[1]	13	12,5	13	15[3]	17		10	11		4,5	5
Ballen des r. Daumens	7	7,5	9,5	12,5	9	12,5	8[2]	8,5	8	8,5	12,5	13		7	8		4,5	5,5
Kuppe des r. Zeigefing.	2	2,5	2,5	3	2	2	2	2	2,5	2,5	2,5	3,5		2	2,5		1	2

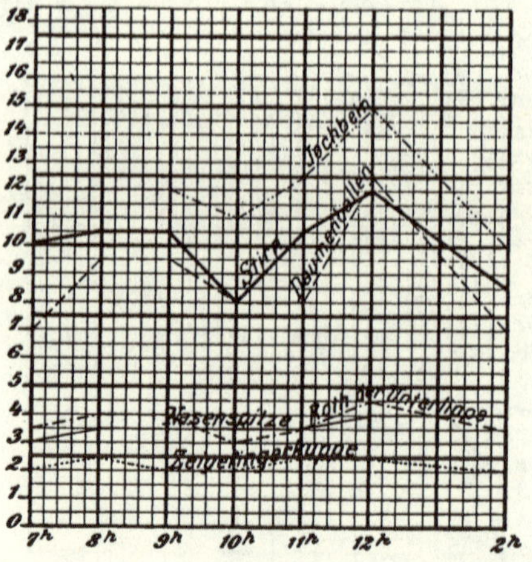

1) Bei 12 mm Entfernung (sp. W.) werden 2 Eindrücke als 3 empfunden.

2) Bei 10 bis 12 mm Entfernung werden statt 2 Eindrücke 3 schmerzhafte Stiche empfunden.

3) Bei 16 bis 20 mm Entfernung werden durch 2 Eindrücke mehrere Stiche unangenehm empfunden.

3. **R. H.** Alter VIII. 1879, Körperlänge 171 cm, Gewicht 54½ kg, Haar braun, Augen braun, Begabung und Fleiss mittelmässig. Bemerkungen: Blasse Gesichtsfarbe, sonst nichts Auffallendes. Schlafzeit 9 bis 6 Uhr.

Tabelle XXXIII.

Lehrplan			7—8 Griechisch		8—9 Deutsch		9—10 Französ.		10—11 Geschicht.		11—12 Latein		Mittagspause			K.Nachm.-Unt.	Sonntags	
Messungszeiten	7 h		8 h		9 h		10 h		11 h		12 h			2 h			11 h	
	sp. W.	st. W.	sp. W.	st. W.	sp. W.	st. W.	sp. W.	st. W.	sp. W.	st. W.	sp. W.	st. W.		sp. W.	st. W.		sp. W	st. W.
Glabella . .	5	6,5	10	11	10	11,	10	11,	11	12	15	15		6,5	7		4	4
Nasenspitze.	3,5	5	5	6	5	6	5	6	5	6	5,5	7		3	5		2	2
Roth d. Unterlippe . . .	2,5	3	3	4	3	4	3	4	3	4	4	5		3	3,5		1,5	1,5
Jochbein (Mitte) . .	10,5	12,5	18	18,5	16	17,5	17,5	18,5	17,5	18,5	21	21		10	11		5	6
Ballen des r. Daumens	7	8	11,5	12	8,5	10	9	11	10	12	12	12,5		9	10		5	5,5
Kuppe des r. Zeigefing.	2	2,5	3	3,5	3	3	2,5	3	3	3,5	3	4		3	3		1	1,5

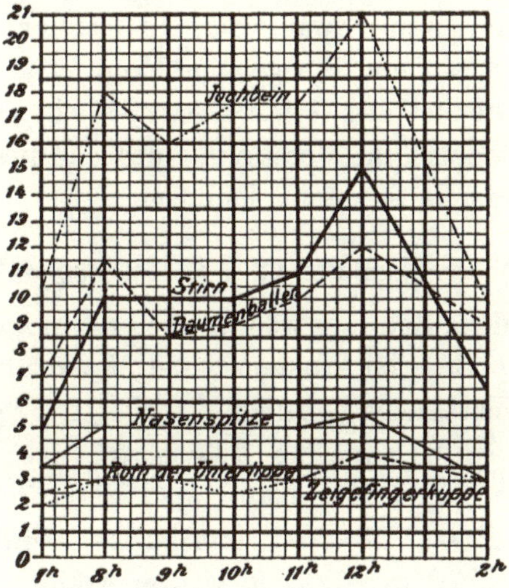

In Tab. XXXI bis XXXIII muss es auffallen erscheinend, dass trotz der ziemlich langen Schlafzeit (etwa 9 Stunden) die Werthe Morgens um 7 Uhr höher als die physiologischen Normalen sind. In Tab. XXXII ist, nach dem geringen Empfindungsvermögen zu schliessen, die Hirnermüdung so bedeutend um 7 Uhr, dass von einer normalen geistigen Arbeitsfähigkeit kaum die Rede sein kann. Im Verlaufe des Unterrichtes bleibt sich die Sensibilitätsverminderung an einzelnen Gebieten gleich, an anderen Gebieten wird sie noch bedeutender. Die Curve für die Jochbeingegend in Tab. XXXI, welche in 3 Stunden (9 bis 12 Uhr) von 7,2 auf 20 steigt, ist geradezu beunruhigend. Die Sensibilität erscheint hier um das Fünffache, an anderen Orten um das Dreifache vermindert. Nicht viel anders liegen die Verhältnisse in Tab. XXXIII. Wenn man bedenkt, dass eine derartige geistige Ermüdung, wie sie die Tabellen für diese Classe aufweisen, sich täglich wiederholt, und wenn man überdies noch die häusliche Arbeitszeit in Betracht zieht, so lässt sich die Annahme einer vielleicht zu starken geistigen Anspannung kaum abweisen. Es kann auch nicht Wunder nehmen, dass, wie bei dem Schüler in Tab. XXXII, Erscheinungen auftreten, welche in so eklatanter Weise auf eine Erschöpfung des Nervensystems hinweisen. Die Realschüler auf dieser Stufe sind nicht viel besser daran. Zwar wechseln leichtere und schwerere Fächer im Lehrplan, und die geistige Ermüdung erscheint nicht so bedeutend wie bei den Gymnasiasten, allein der dreistündige Nachmittagsunterricht im Verein mit der häuslichen Arbeitszeit lässt eine genügende Erholung kaum zu.

Oberrealschule. Cl. I (Untersecunda).

Schülerzahl 22, Zahl der wöchentlichen Unterrichtsstunden 32 und 4 Stunden praktische Arbeiten in den Werkstätten, festgesetzte durchschnittliche tägliche häusliche Arbeitszeit 2 Stunden 15 Min., tägliche Beanspruchung des Schülers seitens der Schule 7 Stunden 35 Minuten, bezw. 8 Stunden 15 Min.

In dieser Classe habe ich nur einen Schüler gemessen; später, als ich die Messungen fortsetzen wollte, fand ich, dass dieselben in Folge der vielen Vorarbeiten und täglichen Repetitionen der Schüler für das Examen behufs Erlangung des Zeugnisses zum einjährigen Heeresdienste kein richtiges Bild von den Anforderungen des gewöhnlichen Unterrichtsganges gegeben haben würden.

1. **A. S.** Alter X. 1878, Körperlänge 163 cm, Gewicht 49 kg, Haar dunkelblond, Augen braun, Begabung und Fleiss recht gut. Bemerkungen: Etwas schlaffer Orbicularis oculi, stark injicirte Scleralgefässe, Panniculus und Muskulatur wenig entwickelt. Schlafzeit 1/210 bis 6 Uhr.

Tabelle XXXIV.

Lehrplan		7—8 Deutsch	8—9 Geograph.	9—10 Englisch	10—11 Algebra	11—12 frei	Mittagspause		2—3 3—4 prakt. Arbeiten in der Werkstätte		4—5 Chemie	Sonntags	
Messungszeiten	7 h	8 h	9 h	10 h	11 h			2h		4 h	5 h	12 h	
												sp. W.	st. W.
Glabella . . .	4,5	7	8	9,5	10			6,5		6	10,5	3,5	3,5
Nasenspitze . .	2,8	5	4	4	5,2			4		4	4	2	2
Roth d. Unterlippe	1,5	2,5	2,5	2,5	2,5			2		2	2,8	1	1,5
Jochbein (Mitte)	6	9,5	12	13	16			9,5		9	15	5	5
Ballen d. rechten Daumens . .	6	6	7	9	10			7		9,5	9,5	4	4,5
Kuppe d. rechten Zeigefingers .	1,8	2	2,3	2,3	2,5			2		2,2	2,2	1	1

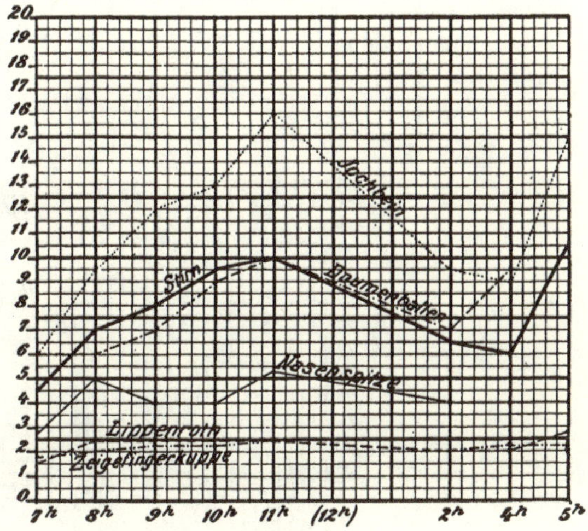

Die Werthe um 7 Uhr Morgens (Tab. XXXIV) sind nicht ganz normal; trotz einer arbeitsfreien Zeit von drei Stunden (11 bis 2 Uhr) ist um 2 Uhr eine völlige Erholung nicht vorhanden. Während der praktischen Arbeiten in der Werkstätte ist eine geringe Verminderung der Sensibilität nur local nachzuweisen.

Gymnasium. Cl. IIb (Untersecunda).

Schülerzahl 25, Zahl der wöchentlichen Schulstunden 32 und 4 facultative Stunden, festgesetzte durchschnittliche tägliche häusliche Arbeitszeit 2 1/2 Stunden, tägliche Beanspruchung des Schülers seitens der Schule 7 Stunden 50 Minuten, bezw. 8 Stunden 30 Minuten.

1. **K. K.** Alter I. 1879, Körperlänge 168 cm, Gewicht 54½ kg, Haar blond, Augen braun, Begabung und Fleiss gut. Bemerkungen: Strabismus convergens (Einwärtsschielen), 2mal erfolglos operirt, zuletzt im 6. Lebensjahr. Brille —1,5. Etwas blasse Gesichtsfarbe, Panniculus und Muskulatur wenig entwickelt. Der Schüler pflegt zwischen 10 und 11 Uhr zu Bette zu gehen und um ½6 Uhr aufzustehen. (!)

Tabelle XXXV.

Lehrplan	7—8 Geschicht.		8—9 Griechisch		9—10 Religion		10—11 Latein		11—12 Französ.		Mittagspause			Kein Nach.-Unt.	Sonntags	
Messungszeiten	7 h		8 h		9 h		10 h		11 h		12 h		2 h		½12h	
	sp. W.	st. W.	sp. W.	st. W.	sp. W.	st. W.	sp. W.	st. W.	sp. W.	st. W.	sp. W.	st. W.	sp. W.	st. W.	sp. W.	st. W.
Glabella . .	6	7	10	10	11,5	11,5	9	10	11,5	12	16	17,5	5,5	6	4	4
Nasenspitze.	1,5	1,5	3	4	3	4	1,8	2	3	4	3,5	5	1,5	1,5	1	1
Rothd. Unterlippe . . .	1,5	1,5	2	2	2	2	1,5	1,5	2	2	2,2	2,5	1,3	1,3	1	1
Jochbein (Mitte) . .	5	5,5	16	17	17	18	9	10	12	13	17,5	18,5	5	5,5	4	5
Ballen des r. Daumens	5,2	6,2	7	8	7	8	5,5	6	7	7	10	11	4,5	5	4	4,5
Kuppe des r. Zeigefing.	1,5	1,5	2	2	2	2	1,5	1,5	1,8	2	2	2,5	1,2	1,5	1	1

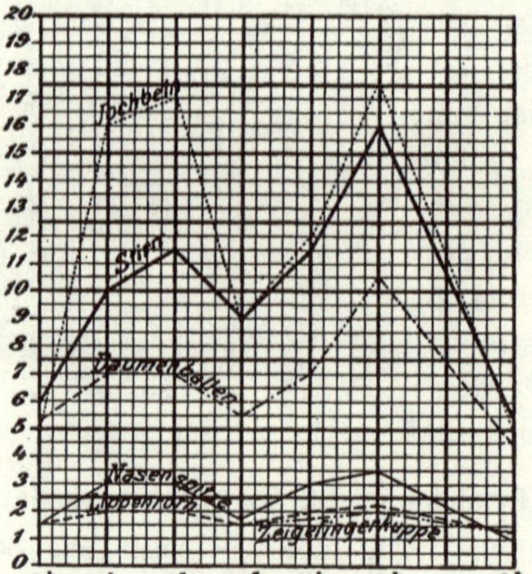

2. **W. M.** Alter IX. 1879, Körperlänge 163 cm, Gewicht 49 kg, Haar braun, Augen braun, Begabung und Fleiss ziemlich gut. Bemerkungen: Nervöse Unruhe des Kopfes, Scleralgefässe stark injicirt, der Schüler klagt

über brennendes Gefühl in den Augen und wäscht sie stündlich, der Schüler wechselt die Farbe häufig und zeigt erhöhte Reflexerregbarkeit. Zu Bette um ½10 Uhr, aufgestanden ¾6 Uhr.

Tabelle XXXVI.

Lehrplan			7–8 Geschichte		8–9 Griechisch		9–10 Religion		10–11 Latein		11–12 Französisch		Mittagspause			Kein Nachm.-Unterricht	Sonntag	
Messungszeiten	7 h		8 h		9 h		10 h		11 h		12 h			2 h			½12 h	
	sp. W.	st. W.	sp. W.	st. W.	sp. W.	st. W.	sp. W.	st. W.	sp. W.	st. W.	sp. W.	st. W.		sp. W.	st. W.		sp. W.	st. W.
Glabella . .	5	6	8	8	9[1])	10	6	6	9,5	10	11,5	12		8,5	9		4,5	5
Nasenspitze .	1,5	2	2	2,5	3,5	4	2	2	3,5	4	4	5,5		2	2,5		1	1
Roth d. Unterlippe . . .	1,5	1,5	2	2	2,5	3	2,5	2,5	2	2,5	2,2	2,5		2	2		1	1
Jochbein (Mitte) . .	6	7	12,5	12,5	16	17	9	9	13	14	16	17		10	10,5		4	4
Ballen des r. Daumens	9	9	9,5	9,5	10	10	8	8	7,5	8	10	11		8	9		4,5	5
Kuppe des r. Zeigefing.	1,5	1,5	2	2	2	2,5	2	2	2	2	2	2,5		2,5	2,5		1	1,5

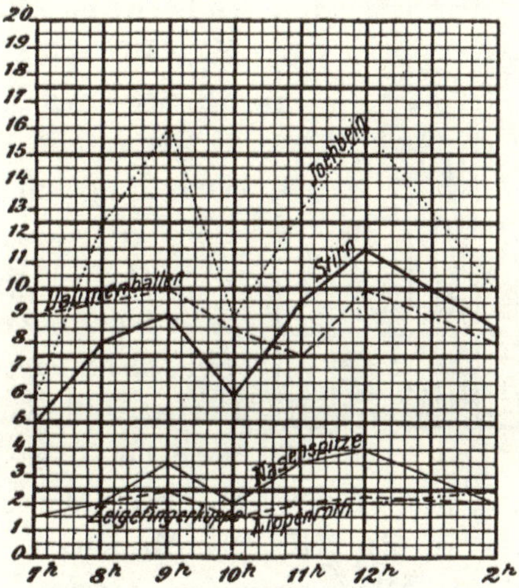

3. **M. G.** Alter VI, 1878, Körperlänge 159 cm, Gewicht 51½ kg, Haar blond, Augen braun, Begabung mässig, Fleiss ziemlich gut. Bemerkungen: Stark injicirte Gefässe der oberen Augenlider und der Sclera. Haut in der Umgebung der Augen und auf der Stirn zeigt Falten. Zu Bette um 10½, aufgestanden um ¾5 Uhr behufs Repetition franz. Regeln.

1) Bei 10 bis 12 mm Entfernung werden bei 2 Eindrücken 3 empfunden.

Tabelle XXXVII.

Lehrplan			7–8 Geschichte		8–9 Griechisch		9–10 Religion		10–11 Latein		11–12 Französisch		Mittagspause			Kein Nachm.-Unterricht	Sonntag	
Messungszeiten	7 h		8 h		9 h		10 h		11 h		12 h			2 h			½12 h	
	sp. W.	st. W.	sp. W.	st. W.	sp. W.	st. W.	sp. W.	st. W.	sp. W.	st. W.	sp. W.	st. W.		sp. W.	st. W.		sp. W.	st. W.
Glabella . .	8	9	10	11	10	11	5	6	12	13	13	14		8,5	9		3	4
Nasenspitze .	3	3,5	3	4	3,5	4,5	1,5	2	4	4	4	5		2,8	3		1,5	2
Roth d. Unterlippe . . .	2	3	2	3	2	3	1,8	2	2	2	2	2,5		1,5	2		1	1
Jochbein (Mitte) . .	11	12	14	14,5	16	17	7,5	8	17	18	17	18		12	12		6	6
Ballen des r. Daumens	6	7	8	9	7	8	5	6	6	7	11,5	12		7	8		4	4
Kuppe des r. Zeigefing.	1,5	2	2	2	2	2	1,5	1,5	2	2	2,5	3		2	2		1	1

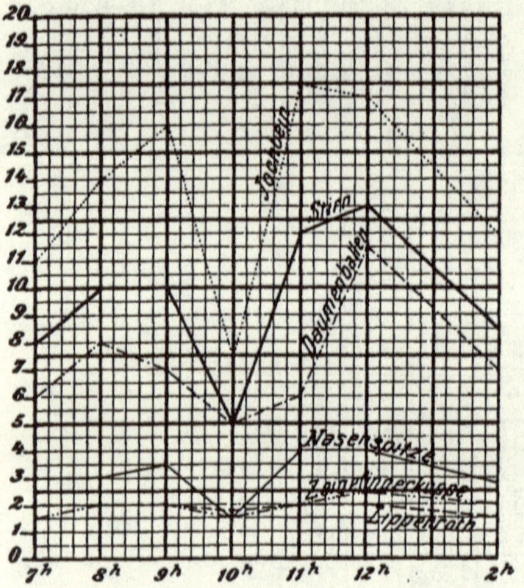

In Tab. XXXV, XXXVI und namentlich in XXXVII sind die Werthe Morgens 7 Uhr zu hoch; der Schüler aus Tab. XXXVII ging ermüdet zur Schule. Um 2 Uhr Nachmittags ist genügende Erholung nach dem Morgenunterrichte noch nicht eingetreten, glücklicher Weise folgt kein Nachmittagsunterricht. Interessant in allen drei Tabellen ist der Abfall der Curven während der Stunde von 9 bis 10; sie ist die einzige, in welcher während des schweren Unterrichtes das Gehirn etwas ausgeruht hat. — In der III. Ober-Realclasse (Obersecunda) konnte ich leider keine Messungen vornehmen.

Gymnasium. Cl. IIa (Obersecunda).

Schülerzahl 11, Zahl der wöchentlichen Schulstunden 32 und 6 facultative Stunden, festgesetzte durchschnittliche tägliche häusliche Arbeitszeit 2½ Stunden, tägliche Beanspruchung des Schülers seitens der Schule 7 Stunden 50 Minuten, bezw. 8 Stunden 50 Minuten.

1. **O. B.** Alter XII. 1877. Körperlänge 159 cm, Gewicht 56 kg, Haar blond, Augen blau, Begabung und Fleiss gut. Bemerkungen: Gefässe der Augenlider und der Sclera injicirt, Stirnhaut etwas faltig, im übrigen nichts Auffallendes. Zu Bette $11^1/_4$ Uhr, aufgestanden $5^1/_4$ Uhr. (!)

Tabelle XXXVIII.

Lehrplan			7—8 Mathematik		8—9 Latein		9—10 Griechisch		10—11 Religion		11—12 Physik		Mittagspause			K. Nachm.-Unt.	Sonntag	
Messungszeiten	7 h		8 h		9 h		10 h		11 h		12 h			2 h			$1/_2$12 h	
	sp. W.	st. W.	sp. W.	st. W.	sp. W.	st. W.	sp. W.	st. W.	sp. W.	st. W.	sp. W.	st. W.		sp. W.	st. W.		sp. W.	st. W.
Glabella	8,5	9	10	10	12	13	12	13	8,5	8,5	10	11		7	7,5		4	5
Nasenspitze	4	4,5	4,5	5,5	4,5	5,5	4,5	5,5	3,5	3,5	3,8	4		2,5	2,5		1,5	2
Roth d. Unterlippe	3	3	3	3	2	2	2,5	2,5	2,5	2,5	3	3		2,2	2,5		1,5	1,5
Jochbein (Mitte)	9,5	10,5	14	16	14	15,5	14	15	10,5	11	13,5	13,5		8	8,5		6	6
Ballen des r. Daumens	6	7	9	11	10,5	11	8	9	7,5	8	8	9		5	5		4	4
Kuppe des r. Zeigefing.	2	2,2	2	2,5	2,5	2,5	2,5	2,5	2	2	2,5	2,5		1,5	2		1	1,5

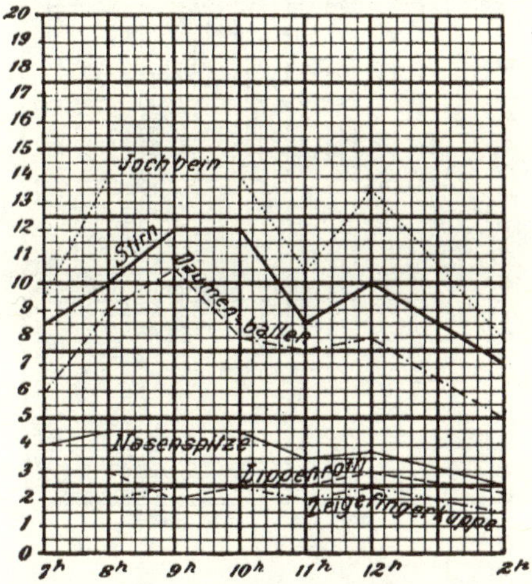

2. **E. W.** Alter XI. 1878. Körperlänge 176 cm, Gewicht $65^1/_2$ kg, Haare blond, Augen blau; Begabung und Fleiss ziemlich gut. Bemerkungen: In-

jicirte Scleralgefässe, Haut in der Umgebung der Augen leicht faltig. Zu Bett um $10^1/_4$ Uhr, aufgestanden $^3/_4$6 Uhr.

Tabelle XXXIX.

Lehrplan			7—8 Mathematik		8—9 Latein		9—10 Griechisch		10–11 Religion		11—12 Physik		Mittagspause			K. Nachm.-Unt.	Sonntag	
Messungszeiten	7 h		8 h		9 h		10 h		11 h		12 h			2 h			½12 h	
	sp. W.	st. W.	sp. W.	st. W.	sp. W.	st. W.	sp. W.	st. W.	sp. W.	st. W.	sp. W.	st. W.		sp. W.	st. W.		sp. W.	st. W.
Glabella . .	11	12	12	13	14	15	17	17,5	11	12	15	16		7,5	7,5		3,5	5
Nasenspitze.	3	4	3,5	4,5	5	5,5	5	5,5	4	4	5	5		2,5	2,5		1,5	2
Roth d Unterlippe . . .	2	2,5	3	3	3,2	3,5	4	4,5	3	3	3,5	4		1,8	2		1	1
Jochbein (Mitte) . .	11	12	17	18,5	22	22	23	24	15	16	22	22,5		10	10,5		5	5
Ballen des r. Daumens	6	7	10	10,5	13,5	13,5	13,5	13,5	9	9	11	11,5		5	5,5		4	4,5
Kuppe des r. Zeigefing.	2,2	2,5	2,5	2,5	2,5	2,5	2,5	2,5	2	2	2,2	2,5		1,2	1,5		1	1

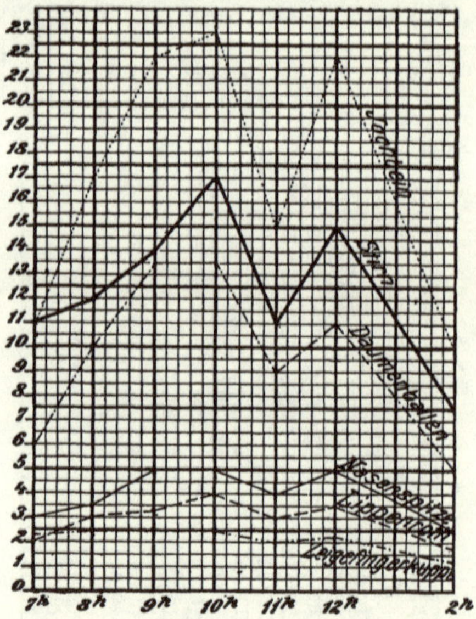

3. **E. Sch.** Alter III. 1878. Körperlänge 168 cm, Gewicht 46 kg; Haar braun, Augen braun. Begabung gut, Fleiss mässig. Bemerkungen: Nichts Auffallendes. Um 10 Uhr zu Bette, aufgestanden $^3/_4$6 Uhr.

Tabelle XL.

Lehrplan			7—8 Mathematik		8—9 Latein		9—10 Griechisch		10—11 Religion		11—12 Physik		Mittagspause			K. Nachm.-Unt.	Sonntags	Schül. verreist
Messungszeiten	7 h		8 h		9 h		10 h		11 h		12 h			2 h				
	sp. W.	st. W.	sp. W.	st. W.	sp. W.	st. W.	sp. W.	st. W.	sp. W.	st. W.	sp. W.	st. W.		sp. W.	st. W.			
Glabella . .	8	9	10,5	11	10,5	11	9	10	8	9	9,5	10		4,5	5,5			
Nasenspitze .	3	4	5	5	5	5	4	4,5	3	3	5	5		1	1,5			
Roth d. Unterlippe . . .	2	2,5	2,5	2,5	2,5	2,5	2	2	2	2	3	3,5		1,5	2			
Jochbein (Mittel) . .	10	11	13,5	14	16	16	16	16	11	12	15	15		7	7,5			
Ballen des r. Daumens .	7	8	8	9	8	9	8	9	7,5	8	9	9		5,5	5			
Kuppe des r. Zeigefing.	2,2	2,5	2,8	3	2	2,5	2	2,5	2	2	2,5	3		1,3	1,5			

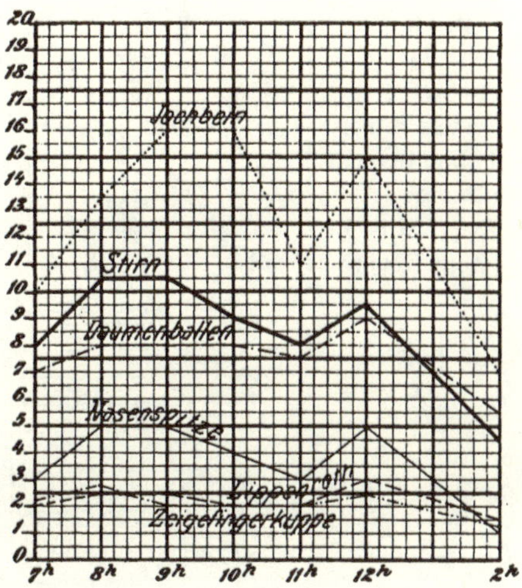

Auch in der Classe IIa kommen die Schüler mit herabgesetzter Sensibilität zum Morgenunterrichte, und während desselben wird sie oft noch um das Doppelte geringer. Die Zahlen für 2 Uhr, verglichen mit den Normalen (in Tab. XL fehlend), zeigen, dass um diese Zeit eine vollständige Erholung nicht eingetreten ist. Der Verlauf der Curven ist in allen drei Tabellen ein ähnlicher; von 10 bis 11 Uhr macht sich, wie in Classe IIb von 9 bis 10, ein steiler Abfall bemerklich.

In der II. Ober-Realclasse (Untersecunda) habe ich die Messungen nicht nach jeder Stunde wiederholen können, ich beschränkte mich daher darauf, sie in der Weise auszuführen, wie es in Tab. VIII und IX angegeben wurde.

Gymnasium. Cl. I (Unterprima).

Schülerzahl 16, Zahl der wöchentlichen Schulstunden 32 und 6 facultative Stunden (eventuell noch 2 Stunden Hebräisch). Festgesetzte durchschnittliche tägliche häusliche Arbeitszeit $2^1/_2$ Stunden, tägliche Beanspruchung des Schülers durch die Schule 7 Stunden 50 Minuten, bezw. 8 Stunden 30 Minuten bis 9 Stunden.

1. **A. B.** Alter I. 77. Körperlänge 168 cm, Gewicht $68^1/_2$ kg; Haare dunkelblond, Augen blau. Begabung und Fleiss gut. Bemerkungen: Scleralgefässe stark injicirt. Haut in der Umgebung der Augen leicht faltig. Der Schüler ging um 10 Uhr zu Bette und stand um $^1/_2$6 Uhr auf.

Tabelle XLI.

Lehrplan			7–8 Griechisch		8–9 Mathematik		9–10 Geschichte		10–11 Latein		11–12 Deutsch		Mittagspause			K. Nachm.-Unt.	Sonntags	
Messungszeiten	7 h		8 h		9 h		10 h		11 h		12 h			2 h			12 h	
	sp. W.	st. W.	sp. W.	st. W.	sp. W.	st. W.	sp. W.	st. W.	sp. W.	st. W.	sp. W.	st. W.		sp. W.	st. W.		sp. W.	st. W.
Glabella . . .	5	5	7,5	7,5	11,5	12	12,5	13,5	7,8	8	5,5	7		3,5	4		3	4
Nasenspitze .	2	2	2	2	4	4	6	7,5	3	4	3	3,5		2	2		1,5	2
Roth der Unterlippe . . .	1,8	2	2	2,5	5	5	5	6	2,5	3	2,5	3		1,5	1,5		1	1
Jochbein (Mitte)	6,5	7	14,5	16	15	15	20	21,5	14	14	9	10		8	9		6	7
Ballen d. recht. Daumens . .	6,5	7	7,5	7,5	7,5	8	8	10	7	7	6	7		4	4,5		3,5	4
Kuppe d. recht. Zeigefingers .	1,5	1,5	2	2	3	3	3	3	2	2	2	2		1,5	1,5		1	1

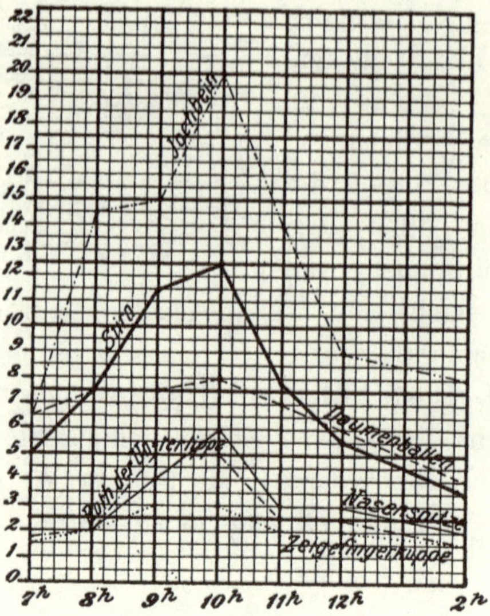

2. **A. T.** Alter I. 1876. Körperlänge 167 cm, Gewicht 68½ kg; Haar blond, Augen blau. Begabung und Fleiss ziemlich gut. Bemerkungen: Orbicularis oculi etwas schlaff, rechtes Auge seit zwei Jahren astigmatisch. Zu Bette um ½11 Uhr, aufgestanden um 6 Uhr.

Tabelle XLII.

Lehrplan			7—8 Griechisch		8—9 Mathematik		9—10 Geschichte		10—11 Latein		11—12 Deutsch		Mittagspause			K. Nachm.-Unt.	Sonntags	
Messungszeiten	7 h		8 h		9 h		10 h		11 h		12 h			2 h			12 h	
	sp. W.	st. W.	sp. W.	st. W.	sp. W.	st. W.	sp. W.	st. W.	sp. W.	st. W.	sp. W.	st. W.		sp. W.	st. W.		sp. W.	st. W.
Glabella . .	6	6	11	11	11	11	14	14	11	11	8	7		5	5		3	4
Nasenspitze .	2	2,5	3	3	5	5	5	6	3	3,5	2	2		1,8	2		1	1,5
Roth d. Unterlippe . . .	1,5	1,5	2	2	2,5	2,5	2,5	2,5	2	2	2	2		1,5	1,5		1	1
Jochbein (Mittel) . .	8	8,5	14,5	14,5	19	19,5	21	24	16	17	11	11		9	10		5	5
Ballen des r. Daumen .	5	6	8	8	10	10	10	10	6	7	5	6		5	6		3	4
Kuppe des r. Zeigefing.	1,5	2	2	2	2,8	2,8	2,5	2,5	2,5	2,5	2	2		1,8	2		1	1

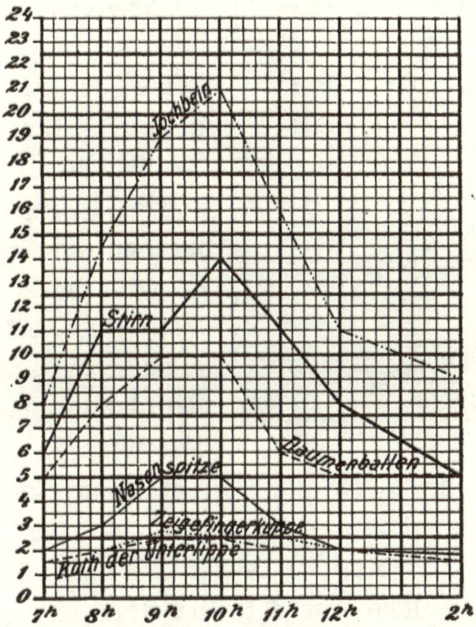

3. **F. M.** Alter IV. 1878. Körperlänge 172 cm, Gewicht 64 kg, Haar blond, Augen braun, Begabung mittelmässig, Fleiss gut. Bemerkungen: Stark injicirte Scleralgefässe, Orbicularis oculi etwas schlaff, im Gesichte Epheliden, Panniculus wenig entwickelt. Zu Bette um ½11 Uhr, aufgestanden ¾6 Uhr.

Tabelle XLIII.

Lehrplan			7—8 Griechisch		8—9 Mathematik		9—10 Geschichte		10—11 Latein		11—12 Deutsch		Mittagspause			Kein Nachm.-Unterricht	Sonntags	
Messungszeiten	7 h		8 h		9 h		10 h		11 h		12 h			2 h			12 h	
	sp. W.	st. W.	sp. W.	st. W.	sp. W.	st. W.	sp. W.	st. W.	sp. W.	st. W.	sp. W.	st. W.		sp. W.	st. W.		sp. W.	st. W.
Glabella . .	4	5	12	12	13	14	13	14	7,5	8	6,5	6,5		6,5	6,5		3	4
Nasenspitze .	2,2	2,5	5	5	6	6	6	6	5,5	6	2,5	3		2,5	3		1,5	1,5
Roth d. Unterlippe . . .	2	2	2,5	3	3	4	3	4	3	3	2	2		2	2		1	1
Jochbein (Mitte) . .	5	6	15	15	17	17,5	20	21	14	14	11	11		9	10		3,5	4
Ballen des r. Daumens	5	5,5	7	8	8	9	10	11	6	7	6	6		4,8	5		3	4
Kuppe des r. Zeigefing.	2	2	3	3	3	3	3	3	2,5	2,5	2	2		1,8	2		1	1

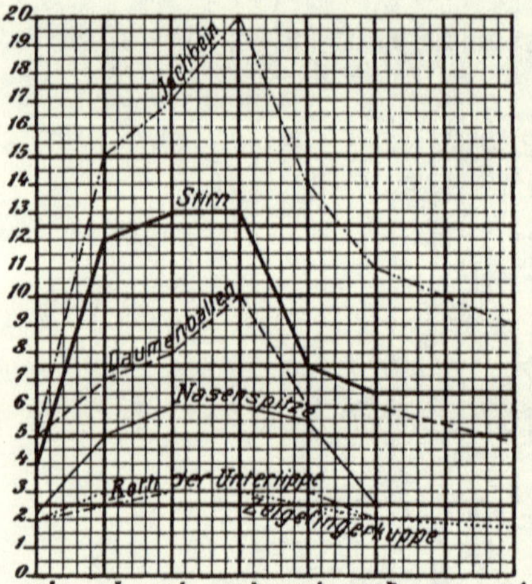

In Tab. XLI bis XLIII sind die Werthe Morgens 7 Uhr grösser als die normalen Werthe, auch ist um 2 Uhr keine völlige Erholung eingetreten. Die Curven steigen bis 9 Uhr, beziehungsweise 10 Uhr. Dass sie trotz einer lateinischen und einer deutschen Stunde nach 10 Uhr fallen, lässt sich vielleicht dadurch erklären, dass die Schüler in der lateinischen Stunde ein Extemporale, in der deutschen Stunde einen Aufsatz aus der Correctur zurückerhielten, wobei das Gehirn mehr oder weniger auszuruhen pflegt.

Ich wende mich nun zu zwei technischen Fachclassen (Industrieclassen), welche mit der Ober-Realschule in Mülhausen verbunden sind. In diesen Klassen liegt der Schwerpunkt in den mathematisch-technischen und in den naturwissenschaftlichen Fächern, während die Sprachen mehr zurücktreten.

Untere Industrie-Classe.

Schülerzahl 19, Zahl der wöchentlichen Schulstunden 32 + 7 Stunden Werkstätten + 2 Stunden Feldmessen = 41 Stunden. Festgesetzte durchschnittliche tägliche häusliche Arbeitszeit 2 Stunden 15 Minuten, tägliche Beanspruchung des Schülers seitens der Schule 9 Stunden 5 Minuten. (!)

1. **A. K.** Alter IX. 1878. Körperlänge 173 cm, Gewicht 59½ kg, Haar blond, Augen blau, Begabung und Fleiss gut. Bemerkungen: Der Schüler ist etwas anaemisch und klagte mehrfach über Kopfschmerz und plötzliche Verdunkelung des Gesichtsfeldes, Orbicularis oculi schlaff. Brille —5 D. Panniculus und Muskulatur mangelhaft entwickelt. Zu Bette gegen 11 Uhr, aufgestanden ¾6 Uhr. Vor 7 Uhr hatte der Schüler noch repetirt.

Tabelle XLIV.

Lehrplan		7—8 Mechanik	8—9 Mechanik	9—10 Französ.	10—11 Algebra	11—12 analyt. Geometrie	Mittagspause		Kein Nachm.-Unterricht, weil Sonnabend	Sonntag Nachm.	
Messungszeiten	7h	8h	9h	10h	11h	12h		3h		4h	
sp. W.										sp. W.	st. W.
Glabella	7,5	8,5	10	7,5	10	12		6		4	4
Nasenspitze . . .	3	4,5	4,5	4	5	5		2,8		2,5	2,5
Roth d. Unterlippe	2,5	3	4	3,2	3,5	5		2		1,5	1,5
Jochbein (Mitte) .	7	15	15	14	17	17,5		7,5		5	5
Ballen des rechten Daumens . . .	5,2	8	10	9	9	9		5		4	4,5
Kuppe des rechten Zeigefingers . .	1,5	2,5	3	2	2,5	2,5		1,5		1	1,5

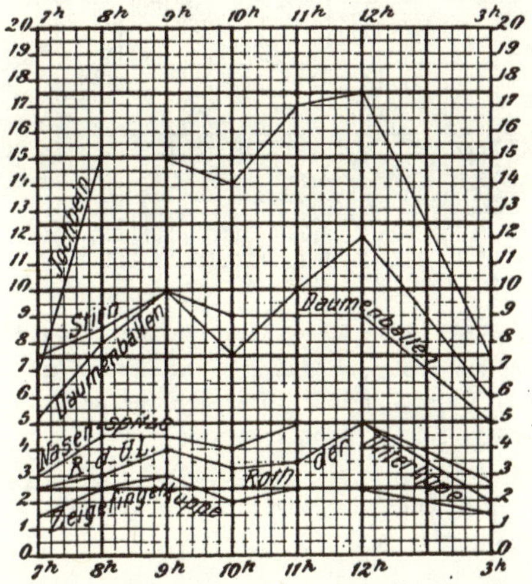

2. **E. W.** IV. 1877. Körperlänge 173 cm, Gewicht 69 kg, Haar dunkelblond, Augen braun, Begabung und Fleiss gut. Bemerkungen: Der Schüler schläft schwer ein und träumt öfters von seinen Schularbeiten. Schlafzeit ½11 bis 6 Uhr. (!)

Tabelle XLV.

Lehrplan		7–8 Mechanik	8–9 Mechanik	9–10 Französ.	10–11 Algebra	11–12 analyt. Geometrie	Mittagspause		Kein Nachm.-Unterricht, weil Sonnabend	Sonntag Nachm.	
Messungszeiten	7h	8h	9h	10h	11h	12h		3h		4h	
sp. W.										sp. W.	st. W.
Glabella	4,5	5,5	11,2	9	10,5	12,5		5		4	4,5
Nasenspitze . . .	2,5	3	3,2	3	4	6,5		2		2	3
Roth d. Unterlippe	3	3	4	3	3,5	4		2		1,5	2
Jochbein (Mitte) .	7,5	11	17,2	12,5	18	20		5,5		4,5	4,5
Ballen des rechten Daumens . . .	4	6,5	6,5	7[1]	-	9		5,5		3	3,5
Kuppe des rechten Zeigefingers . .	2	2,2	2,2	2,2	2,5	3		1,5		1,5	2

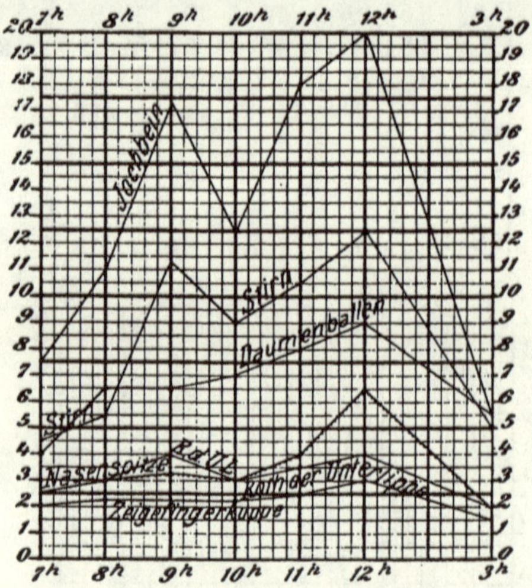

3. **A. F.** Alter VII. 1875. Körperlänge 172 cm, Gewicht 75 kg, Haar und Bart blond, Augen braun, Begabung und Fleiss gut. Bemerkungen: Brille, rechts — 1,5 D, links — 1,25 D. Der Schüler schläft schwer ein und träumt gelegentlich von seinen Schularbeiten.

1) Störungen; die Angaben waren so unsicher, dass die Zahl nicht genau festgestellt werden konnte.

Tabelle XLVI.

Lehrplan		7—8 Mechanik	8—9 Mechanik	9—10 Französ.	10—11 Algebra	11—12 analyt. Geometrie	Mittagspause		Kein Nachm.-Unterricht, weil Sonnabend	Sonntag	
Messungszeiten	7h	8h	9h	10h	11h	12h		3h		11h	
sp. W.	.									sp. W.	st. W.
Glabella	4,5	8	10,5	5	8,5	10		5		3	3
Nasenspitze . . .	2,5	3	3,2	2,5	3,5	4		1,8		1,5	2
Roth d. Unterlippe	2	2,5	3	2	2,5	3,5		2		1	1
Jochbein (Mitte) .	5,5	9,5	18,5	11	15	20		5		4	4
Ballen des rechten Daumens . . .	5	5	7	6,5	7	7		4,5		2	3,5
Kuppe des rechten Zeigefingers . .	1,5	2,2	2,2	2	2,5	3		1,5		1	1,5

In den Tab. XLIV bis XLVI fällt die Steilheit der Curven auf Stirn und Jochbein leider sehr in die Augen. Interessant ist es, dass während des Französischen allgemeine Erholung eintritt. Nachmittags 3 Uhr ist eine solche trotz dreistündiger Ruhepause noch nicht ganz erfolgt. Die Werthe Morgens 7 Uhr sind auch etwas zu hoch.

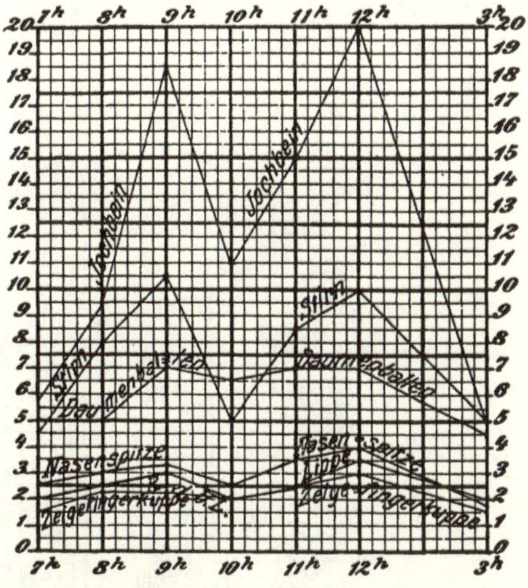

Obere Industrie-Classe.

Schülerzahl 2, Zahl der wöchentlichen Schulstunden 33 und 9 Stunden Werkstätten und 2 Stunden physikalisches Laboratorium und 2 Stunden chemisches Laboratorium = 46 Stunden. Festgesetzte durchschnittliche tägliche häusliche Arbeitszeit 2 Stunden 15 Minuten, tägliche Beanspruchung des Schülers seitens der Schule 9 Stunden 55 Minuten. (!)

1. **H. Th.** Alter 18 Jahre. Körperlänge 171 cm, Gewicht ? kg; Haare blond, Augen blau. Begabung und Fleiss ziemlich gut. Bemerkungen: Haut in der Umgebung der Augen und auf der Stirn stark faltig, unreiner Teint. Der Schüler geräth sehr leicht in Transpiration und es entsteht dann eine

sehr reichliche Schweissabsonderung, namentlich auf der Stirn und auf den Händen. Zu Bette gegen 10 Uhr, aufgestanden um 6 Uhr.

Tabelle XLVII.

Lehrplan		7—8 Mechanik	8—9 Französisch	9—10 Mechanik	10—11 Algebra	11—12 Geographie	Mittagspause	2—4 Maschinenzeichnen	4—6 Pract. Arbeit. in der Werkst.	Sonntags	
Messungszeiten	7 h	8 h	9 h	10 h	11 h	12 h	2 h	4 h	6 h	11 h	
sp. W.										sp. W.	st. W.
Glabella . .	4	8	6	9	9	7	4,5	9	5,5	4	4
Nasenspitze	3	2	3	4	6,5	4	3,5	4	4	3	3
Roth d. Unterlippe . . .	2	2	2,5	2,5	4	3	2	2,2	2	2	2
Jochbein (Mitte) . .	5	12	10	16	22	14	7	10,5	6,5	5	5,5
Ballen des r. Daumen	4,5	6	7	8	10	8,5	5	8	5,5	4,5	5,5
Kuppe des r. Zeigefing. .	2	2,5	2,5	3,5	3,5	2	2	2,5	2,5	2	2

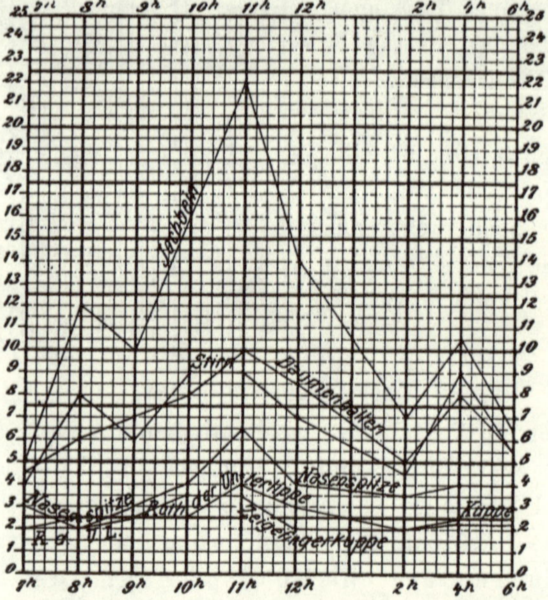

2. **X. L.** Alter 18 Jahre. Körperlänge 166 cm, Gewicht ? kg; Haare röthlich-blond, Augen blau. Begabung und Fleiss gut. Bemerkungen: Orbicularis oculi etwas schlaff; Brille — 2,25 D, leichter Nystagmus (Augenzittern), auffallend starker Foetor ex ore; der Schüler träumt häufig von seinen Schularbeiten. Zu Bette um 10 Uhr, aufgestanden um 6 Uhr.

Tabelle XLVIII.

Lehrplan		7—8 Mechanik	8—9 Französisch	9—10 Mechanik	10—11 Algebra	11—12 Geographie	Mittagspause		2—4 Maschinenzeichnen	4—6 Pract. Arbeit. in der Werkst.	Sonntags	
Messungszeiten	7 h	8 h	9 h	10 h	11 h	12 h		2 h	4 h	6 h	4 h	
sp. W.											sp. W.	st. W.
Glabella . .	4	9	7	9	10	8,5		4,5	9	6,5	3,5	4
Nasenspitze .	3	5	4	4,5	5	4		3	4	3,5	2	2,5
Roth d. Unterlippe . . .	2	2	2	3	3,5	2		2	2,5	2	2	2,5
Jochbein (Mitte) . .	6	7[1])	7	13[3])	14	9,5		6,5	11	7	4	4,5
Ballen des r. Daumens .	4,5	5,5[2])	5,5	6	7	6		5	6,5	5	4	4
Kuppe des r. Zeigefingers	1,5	1,8	1,5	2,3	2,5	2		1,5	2,2	2	1	1,5

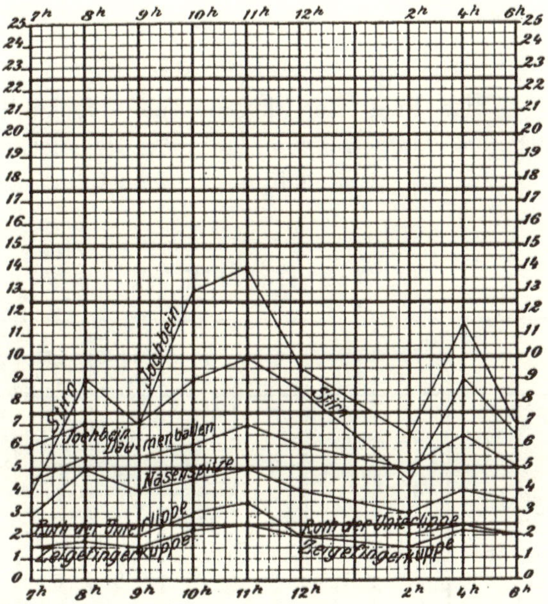

1) Störungen; bei 8 bis 11 mm Entfernung wurden zwei Eindrücke als drei empfunden.

2) Störungen; bei 7 bis 11 mm Entfernung wurden zwei Eindrücke als drei empfunden.

3) Störungen; bei 15 bis 17 mm Entfernung wurden zwei Eindrücke als mehrere (die Versuchsperson konnte nicht genau angeben wie viele) an verschiedenen Stellen der Backe gefühlt.

In Tab. XLVII sind die um 7 Uhr gefundenen Werthe mit den physiologischen Normalen völlig übereinstimmend; die Werthe für 2 Uhr sind etwas höher. In Tab. XLVIII besteht zwischen den Werthen für 7 Uhr und 2 Uhr kein erheblicher Unterschied, und beide sind nur wenig höher als die Normalen. Das Französische und die Geographie dienen in beiden Fällen zwischen und nach den anstrengenden mathematischen Fächern zur Erholung. Interessant ist, dass das Zeichnen nicht unbedeutend ermüdet, während die Werthe nach der zweistündigen praktischen Thätigkeit verhältnismässig niedrig sind.

Es ist natürlich sehr wünschenswerth, die Untersuchungen über geistige Ermüdung nicht nur auf die Schüler zu beschränken, sondern auch auf die Lehrer auszudehnen. Ueber die wenigen Messungen, die ich an einigen Herren gemacht habe, will ich kurz berichten.

Herrn I.'s Vorträge erstreckten sich von 7 bis 10 Uhr Morgens über das Fach der theoretischen Mechanik; von 10 bis 12 Uhr leitete der betreffende Herr das technische Zeichnen in der Industrieclasse. Die gefundenen Sensibilitätswerthe sind folgende:

Tabelle XLIX.

	7 h	8 h	9 h	10 h	11 h	12 h	Sonntags ohne vorher. geistige Beschäftigung	
sp. W.							sp. W.	st. W.
Glabella	5	9	12	13	8	6,5	4	5
Nasenspitze . . .	2	2,5	3	3,5	2	2	1,5	2
Roth der Unterlippe	2	2,5	2,5	2,5	2	2	1,5	1,5
Jochbein (Mitte) .	6	10	16	17,5	11	10	5	6
Ballen des rechten Daumens . . .	5	7	9	9,5	8	6	4	5
Kuppe des rechten Zeigefingers . .	1,5	2	2,5	2,5	2	2	1	1,5

Herr E. unterrichtete jüngere Schüler 5 Stunden lang in zwei sprachlichen Fächern und in der Geschichte.

Ich fand:

Tabelle L.

Fächer		7—8 Englisch	8—9 Geschicht.	9—10 Französisch	10—11 Geschicht.	11—12 Englisch (Privatstund)	Ohne vorherige geistige Beschäftigung
Messungszeiten	7 h	8 h	9 h	10 h	11 h	12 h	10 h Morg.
sp. W.							
Glabella	4,5	10	12	13	14,5	9	4,5
Nasenspitze . . .	3	3,5	4	4	4	2	3
Roth der Unterlippe	1	3	3,5	3,5	3,5	1,5	1
Jochbein (Mitte) .	6,5	12	14,5	16	16	10	5
Ballen des rechten Daumens . . .	3,5	7,5	9,5	9,5	11	7,5	3
Kuppe des rechten Zeigefingers . .	1	2	2	2	2	1,5	1

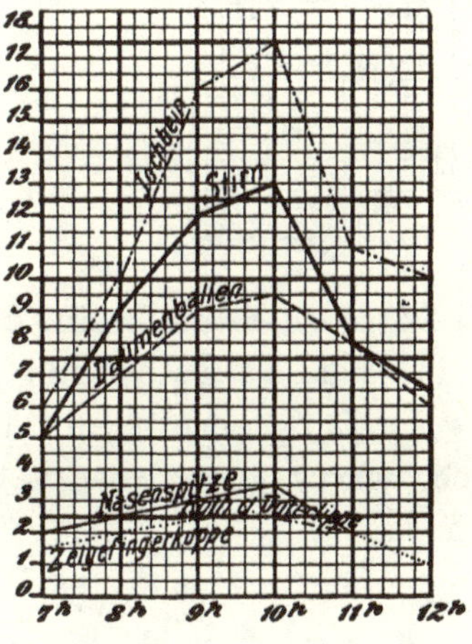

Curve zu Tab. XLIX.

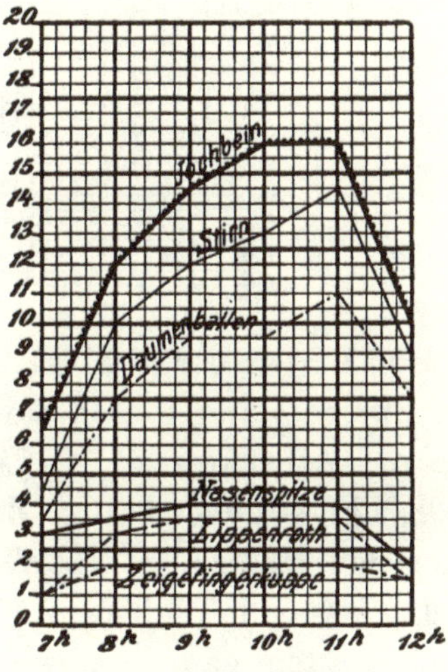

Curve zu Tabelle L.

Herr St. hatte Morgens und Nachmittags im philologisch-historischen Fach 4 Stunden unterrichtet; die Messungen, die ich erhalten konnte, ergaben folgende Werthe:

Tabelle LI.

Messungszeiten	10 h	12 h	Mittagspause	2 h	4 h	6 h	4 h Nachm. an einem dienstfreien Tage
sp. W.							
Glabella	13	15		9	16	20	13
Nasenspitze	7	8		7,5	8,5	9	7
Roth der Unterlippe . .	3,5	4		2	4	5	2,5
Ballen d. recht. Daumens	12	17		7	14,5	15	4
Kuppe des rechten Zeigefingers	3	5		2,5	3,5	3,5	2

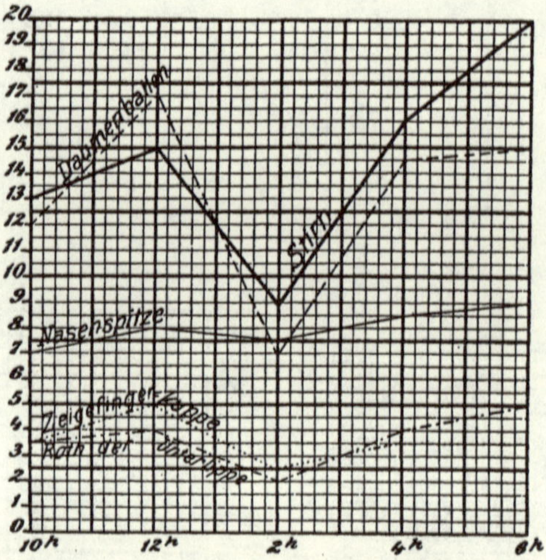

Die Zahlen der Tab. XLIX bis LI reden ebenfalls eine deutliche Sprache und weisen darauf hin, dass es nothwendig ist, auch das Arbeitsmaass des Lehrers sorgfältig abzuwägen; denn ein geistig ermüdeter und dadurch nervös gewordener Lehrer ist für den Unterricht kein Gewinn.

Ich lasse nun diejenigen Messungen folgen, welche an solchen jungen Leuten gewonnen wurden, die in Comptoirs, am Webstuhle und in Maschinenwerkstätten thätig sind.

Kaufmannslehrlinge.

1. **E. O.** 20 Jahre alt, Körperlänge 174 cm, Gewicht 69 kg, Haar braun, Augen braun, pflegt um 1/28 Uhr in's Geschäft zu gehen. Geschäftszeit von 8 bis 12 Uhr und von 2 bis 6 bezw. 7 Uhr. Die geistige Thätigkeit besteht in der Erledigung französischer und deutscher Correspondenz, sowie in der

Ausführung von Rechnungen. Der junge Mann pflegt zwischen 10 und 11 Uhr zu Bette zu gehen und zwischen 6 und 7 Uhr aufzustehen. Es ist zu bemerken, dass er blass und etwas angegriffen aussieht, und dass einzelne Gesichtsmuskeln beim Sprechen in zuckender Bewegung sind.

Tabelle LII.

Messungszeiten	7 h Morg.		$^3/_4$12 h		Mittgsp.	2 h		7 h Abds		Sonntags ohne vorherige geist. Beschäft.	
	sp. W.	st. W.	sp. W.	st. W.		sp. W.	st. W.	sp. W.	st. W.	sp. W.	st. W.
Glabella . .	4,5	7	6,5	8		4,5	5	8	9	4	4,5
Nasenspitze .	2	3	2	3		2	3	3	3,5	2	2
Roth d. Unterlippe . . .	1,5	1,5	1,5	1,5		1,5	1,5	2	2	1,5	1,5
Jochbein (Mitte) . .	6	7	7	8		6	7,5	8,5	10	5	6
Ballen des r. Daumens .	4	4	5	5,5		4	4,5	5	6,5	4	4,5
Kuppe des r. Zeigefingers	2	2,5	2	2,5		2	2	2,5	2,5	2	2

2. **A. B.** 19 Jahre alt, Körperlänge 170 cm, Gewicht 65 kg, Haare blond, Augen braun, pflegt gegen 8 Uhr ins Geschäft zu gehen. Geschäftszeit von 8 bis 12 Uhr und von 2 bis 6 bezw. 7 Uhr. Die geistige Thätigkeit besteht in kaufmännischer Correspondenz, namentlich in der Uebersetzung von Briefen und Kaufverträgen aus einer Sprache in eine andere, sowie in der Ausführung von Rechnungen. Der junge Mann pflegt zwischen 10 und 11 Uhr zu Bett zu gehen und zwischen 6 und 7 Uhr aufzustehen, über Körperbeschaffenheit und Aussehen ist nichts Besonderes zu bemerken.

Tabelle LIII.

Messungszeiten	7 h		12 h		Mittgsp.	2 h		7 h		Sonntags ohne vorherige geist. Beschäftg.	
	sp. W.	st. W.	sp. W.	st. W.		sp. W.	st. W.	sp. W.	sp. W.	sp. W.	st. W.
Glabella . .	6	7	7,5	8,5		5,5	7	10	11	5,5	7
Nasenspitze .	2	2,5	3	3,5		2	2,5	3	4	2	2,5
Roth d. Unterlippe . . .	1,5	2	1,5	2		1,5	2	2	3	1,5	2
Jochbein (Mitte) . .	6	7	7,5	9,5		5,5	6	8,5	10	5	5,5
Ballen des r. Daumens .	4	5,5	5,5	5,5		5,5	5,5	6	6,5	4	5
Kuppe des r. Zeigefingers	1,5	2	3	3		1,5	2	2,5	3	1,5	2

3. **J. Th.** 18 Jahre alt, Körperlänge 157 cm, Gewicht 53½ kg, Haare blond, Augen blau, Haut in der Umgebung der Augen und auf der Stirn mit Falten. Th. pflegt von 8 Uhr bis 12 Uhr und von 2 Uhr bis 6 bezw. 7 Uhr im Geschäft zu sein, wo er Rechnungen ausführt und Briefe copirt; er pflegt etwa um 10 Uhr zu Bett zu gehen und um 6 Uhr aufzustehen.

Tabelle LIV.

Messungszeiten	½8 h		12 h		Mittagspause	2 h		7 h		Sonntags, ohne vorh. geist. B.	
	sp.W.	st. W.	sp.W.	st. W.		sp.W.	st. W.	sp.W.	st. W.	sp.W.	st. W.
Glabella	4	4	5,5	7		5	6,5	5	6,5	3,5	4,5
Nasenspitze	2,5	3	3	3		2,5	3	2	3	2,5	2,5
Roth der Unterlippe	1,5	2	3	3		2	2	2	2	1,5	2
Jochbein (Mitte)	7	9	9	10,5		7	8	7	8	4,5	5,5
Ballen des rechten Daumens	5	6	6,5	8		5	6	5	6	3,8	4
Kuppe des rechten Zeigefingers	2	2	2	2		2	2	2	2	2	2

Schüler der theoretischen und praktischen Spinn- und Webschule.

Die nachstehenden Messungen wurden vor und nach einer dreistündigen Arbeit am Webstuhle angestellt. Der Stuhl wird durch die Dampfmaschine in Thätigkeit versetzt. Das Weberschiffchen (Schützen) gibt 200 Schüsse in der Minute. Der Schüler webt pro Stunde etwa 1 Meter Stoff. Das Hervorsuchen der zerrissenen Fäden, das Anknüpfen derselben und das Einfädeln durch die Oese der Litzen verlangt genaue Beobachtung und ermüdet das Auge. In der Bedienung des Stuhles wird bald mechanische Fertigkeit erlangt. In dem Websaal herrscht sinnenbetäubender Lärm.

1. **E. W.** Alter 17½ Jahre, Körperlänge 178 cm, Gewicht 61½ kg, Haar blond, Augen braun; frisches Aussehen.

Tabelle LV.

Messungszeiten	¾2 h		¾5 h		Sonntags konnte nicht gemessen werden
	sp. W.	st. W.	sp. W.	st. W.	
Glabella	4,5	5,5	6	7	
Nasenspitze	3	4	4	5,5	
Roth der Unterlippe	3	4	3	4	
Jochbein (Mitte)	10	12	12,5	13	
Ballen des rechten Daumens	6,5	7,5	8,5	9,5	
Kuppe des rechten Zeigefingers	2	2	2,5	3	

2. **A. P.** Alter 19 Jahre, Körperlänge 166 cm, Gewicht 69 kg, Haar schwarz, Augen braun. Alte Gesichtszüge, Haut auf der Stirn mit vielen longitudinalen Falten.

Tabelle LVI.

Messungszeiten	$^3/_4 2$ h		$^3/_4 5$ h		Sonntags konnte nicht gemessen werden
	sp. W.	st. W.	sp. W.	st. W.	
Glabella	6	7	8,5	9	
Nasenspitze	4	5	4	5	
Roth der Unterlippe	3	4	3	4	
Jochbein (Mitte)	10	15	11	15,5	
Ballen des rechten Daumens	6	7	6,5	8,5	
Kuppe des rechten Zeigefingers	2,5	2,5	2,5	2,5	

3. **E. O.** Alter 22 Jahre, Körperlänge 167 cm, Gewicht 67 kg, Haar blond, Augen blau. Brille, rechts — 3 D, links — 4,5 D. Frisches männliches Aussehen.

Tabelle LVII.

Messungszeiten	$^3/_4 2$ h		$^3/_4 5$ h		Sonntags konnte nicht gemessen werden
	sp. W.	st. W.	sp. W.	st. W.	
Glabella	5	6,5	6,5	7	
Nasenspitze	3	4	3	4	
Roth der Unterlippe	3	4	3	4	
Jochbein (Mitte)	10	12	11	14	
Ballen des rechten Daumens	7,5	8,5	7,5	8,5	
Kuppe des rechten Zeigefingers	2	2,5	2	2,5	

4. **L. B.** (Bruder des Schülers in Tab. III und XIII.) Alter 19 Jahre, Körperlänge 172 cm, Gewicht 65 kg, Haar blond, Augen blau. Ueber das Aussehen ist nichts Besonderes zu bemerken.

Tabelle LVIII.

Messungszeiten	$^3/_4 2$ h		$^3/_4 5$ h		Sonntags 11 h	
	sp. W.	st. W.	sp. W.	st. W.	sp. W.	st. W.
Glabella	5	8	8	10	3	4
Nasenspitze	3	3	3	3	2	2
Roth der Unterlippe	2	2	2,5	2,5	1	1
Jochbein (Mitte)	7,5	9,5	10	11	4,5	5
Ballen des rechten Daumens	6,5	6,5	6,5	7	4	4,5
Kuppe des rechten Zeigefingers	2,5	2,5	2,5	2,5	1,5	1,5

Volontäre der elsässischen Maschinenfabrik.

Es ist die Aufgabe der jungen Leute, Theile der verschiedensten Maschinen, namentlich Dampfmaschinen, selbständig anzufertigen. Ihre Arbeitszeit erstreckt sich von 6 Uhr Morgens bis 12 Uhr Mittags und von ½2 Uhr bis 6 Uhr Abends. An den Tagen, an welchen ich die Messungen an ihnen ausführte, begannen sie die Morgenarbeit erst um 7 Uhr, die Nachmittagsarbeit um 2 Uhr. Nachmittags wird häufig weniger schwer gearbeitet als Morgens; dies trifft auch für die nachstehenden Tabellen zu.

1. **A. P.** Alter 18½ Jahre, Körperlänge 173 cm, Gewicht 67 kg, Haar blond, Augen blau. Haut um die Augen und auf der Stirn faltig. Zu Bette um 9½ Uhr, aufgestanden ½6 Uhr.

Tabelle LIX.

Messungszeiten	½7 h		12 h		Mittagspause	½2 h		6 h		Sonntags 10 h	
	sp. W.	st. W.	sp. W.	st. W.		sp. W.	st. W.	sp. W.	st. W.	sp. W.	st. W.
Glabella . .	4	4,5	5	6		5	6	4	4,5	3,5	4
Nasenspitze .	1,5	2	3	3		3	3	2	2,5	1,5	1,5
Roth d. Unterlippe . . .	2	2	2	2		2	2	2	2	2	2
Jochbein (Mitte) . . .	8	9	9	10,5		9	9,5	7	8	5,5	7
Ballen des r. Daumens . .	7	7	8	9		7,5	7,5	5	6	4,5	5,5
Kuppe des r. Zeigefingers .	2	2	3	3,5		2	2	2	2	1,5	2

2. **L. L.** Alter 19 7/12 Jahre, Körperlänge 176 cm, Haar blond, Augen braun. Brille — 2,5 D. Frisches Aussehen, männlich entwickelt. Zu Bette um 9 Uhr, aufgestanden um 5 Uhr.

Tabelle LX.

Messungszeiten	½7 h		12 h		Mittagspause	½2 h		6 h		Sonntags 11 h	
	sp. W.	st. W.	sp. W.	st. W.		sp. W.	st. W.	sp. W.	st. W.	sp. W.	st. W.
Glabella . .	6,5	6,5	6,5	6,5		6	6	6,5	7	5,5	6
Nasenspitze .	2,5	2,5	3	3		3	3	3	3	2	2
Roth d. Unterlippe . . .	2	2	2	2		2	2	2	2	1,5	1,5
Jochbein (Mitte) . .	7	10	8	11		7	10	7,5	11,5	6	6
Ballen d. recht. Daumens . .	6	8	6	8		6	8	7	8,5	4	5,5
Kuppe des r. Zeigefingers .	2,5	2,5	3	3		3	3	3	3	2	2,5

4. **L. P.** Alter 19 Jahre, Körperlänge 171 cm, Gewicht 65 kg, Haar blond, Augen blau. Auf der Stirn einige Falten, im Gesichte Epheliden. Zu Bette 3/4 9 Uhr, aufgestanden um 1/2 6 Uhr.

Tabelle LXI.

Messungszeiten	1/2 7 h		12 h		Mittags-pause	1/2 2 h		6 h		Sonntags 11 h	
	sp. W.	st. W.	sp. W.	st. W.		sp. W.	st. W.	sp. W.	st. W.	sp. W.	st. W.
Glabella . .	3,5	5	5	6		5	6	5	5	3	4
Nasenspitze .	2	3,5	3,5	4		3	4	2,5	3	1,5	2
Roth d. Unterlippe . . .	2	2	2	2		2	2	2	2	1,5	1,5
Jochbein (Mitte) . .	6,5	8	8	9		8	9	5	5	5	5
Ballen des r. Daumens . .	5	5,5	8	8		6,5	7,5	4	4,5	4	4,5
Kuppe des r. Zeigefingers .	2	2	2,5	2,5		2	2	2	2	1	1

In den Tabellen LII bis LIV ist die geistige Ermüdung, wie sie sich in der Herabsetzung der Sensibilität ausspricht, im Vergleich zu derjenigen, welche die Schüler des Gymnasiums und der Ober-Realschule aufweisen, verschwindend klein. In Tab. LII und LIII sind noch die Werthe für 7 Uhr und 2 Uhr mit den Sonntagswerthen fast identisch. In Tab. LIV ist ein etwas grösserer Unterschied in dieser Hinsicht vorhanden. Bei den Spinn- und Webschülern (Tab. LV bis LVIII) liegen die Werthe um 2 Uhr ziemlich hoch. Dies kann nicht Wunder nehmen, wenn man bedenkt, dass die jungen Leute von 7, bezw. 8 Uhr Morgens bis 12 Uhr Mittags anstrengenden theoretischen Unterricht haben. Hierüber konnte ich Untersuchungen, die vielleicht ähnliche Resultate ergeben würden wie im Gymnasium und in der Ober-Realschule, bisher nicht anstellen. Während der dreistündigen praktischen Arbeit am Webstuhl tritt eine erhebliche Zunahme der geistigen Ermüdung nicht ein. Bei den Volontairs der Maschinenfabrik kann von einer geistigen Ermüdung kaum die Rede sein.

Ich will jetzt über diejenigen Messungen berichten, welche ich an Schülern der Classe I (Untersecunda) der Ober-Realschule während des schriftlichen und mündlichen Examens zur Erlangung der Berechtigung zum einjährigen Heeresdienste und zum Eintritt in die III. Ober-Realclasse (Obersecunda) angestellt habe. Für die schriftliche Prüfung, während welcher ich neun Schüler untersuchte, habe ich verzeichnet:

1. die Werthe, welche ich unmittelbar nach beendeter Arbeitszeit fand;

2. die Werthe nach einer Erholung von derselben Zeitdauer wie diejenige, welche die Anfertigung der Arbeit beanspruchte (in einigen Fällen konnte die Zeit nicht genau eingehalten werden);

3. die an einem Ferientage gewonnenen, als physiologische Normalen zu bezeichnenden Werthe. Von einer Messung um 7 Uhr an jedem Arbeitstage musste leider Abstand genommen werden. Bei der mündlichen Prüfung wurden die Messungen unmittelbar vor dem Beginn und nach Schluss derselben angestellt und mit den physiologischen Normalen in den Tabellen verzeichnet.

Viertägiges schriftliches Examen der Cl. I (Untersecunda) in der Oberrealschule.

P. D. Alter 17 Jahre. Körperlänge und Gewicht wurden nicht ermittelt. Haar blond, Augen braun. Begabung und Fleiss ziemlich gut. Bemerkungen: Nichts Auffallendes.

Tabelle LXII.

Arbeitsfeld	1. Tag Deutscher Aufsatz Arbeitszeit: 7—12 h			2. Tag Französische Arbeit Arbeitszeit: 7—12 h			3. Tag Mathemat. Arbeit Arbeitszeit: 7—12 h			4. Tag Englische Arbeit Arbeitszeit: 7—12 h		
Messungszeiten	1/212 h	1/25 h	Ferientag	10 h	1 h	Ferientag	12 h	5 h	Ferientag	10 1/2 h	1 1/2 h	Ferientag
sp. W.												
Glabella . . .	12	5	4	12	7	4	14	7,5	4	14	9	4
Nasenspitze .	5	2	1,5	5	3	1,5	6	3,5	1,5	7	5	1,5
Roth d. Unterlippe . . .	3	1	1	3	2	1	3,5	2	1	3,5	2	1
Jochbein Mitte) . . .	14	6	4,5	16,5	6	4,5	17	9	4,5	18,5	9	4,5
Ballen des r. Daumens . .	8	5	4	9,5	5	4	10,5	5	4	10,5	6	4
Kuppe des r. Zeigefingers .	3	1,5	1	2,5	1,5	1	2,5	2	1	3	2,5	1

Ch. A. Alter 16 Jahre, Körperlänge und Gewicht wurden nicht ermittelt, Haar blond, Augen blau; Begabung ziemlich gut, Fleiss gut. Sclera stark injicirt, Haut auf der Stirn und in der Umgebung des Auges faltig, Panniculus schwach entwickelt, Teint unrein. Der Schüler klagt häufig über Kopfweh und Schwindel, der Schlaf wird durch Aufschrecken unterbrochen.

Tabelle LXIII.

Arbeitsfeld	1. Tag Deutscher Aufsatz			2. Tag Französische Arbeit			3. Tag Mathemat. Arbeit			4. Tag Englische Arbeit		
Messungszeiten	12 h	5 h	Ferientag	10 h	1 h	Ferientag	12¼ h	5¼ h	Ferientag	10¼ h	1¼ h	Ferientag
sp. W.												
Glabella . . .	11	4	4	12	4,5	4	12	4	4	12	6	4
Nasenspitze . .	5	3	2,5	5	2,5	2,5	6	3,5	2,5	5	4	2,5
Roth der Unterlippe	3	1,5	1	3	1,5	1	3	2	1	3	2,5	1
Jochbein (Mitte)	15	6,5	6	19	6,5	6	18[1])	7	6	21[3])	11	6
Ballen d. rechten Daumens . .	10	5	4,5	11	7	4,5	9[2])	6	4,5	7,5	6	4,5
Kuppe des recht. Zeigefingers .	2,5	1,5	1	3	2	1	2,5	1,5	1	2,5	2	1

F. P. Alter 16 Jahre. Näheres in der Tabelle für das mündliche Examen.

Tabelle LXIV.

Arbeitsfeld	1. Tag: Deutscher Aufsatz			2. Tag: Französische Arbeit			3. Tag: Mathematische Arbeit			4. Tag: Englische Arbeit
Messungszeiten	12 h	5 h	Ferientag	10¼ h	—	Ferientag	12 h	5 h	Ferientag	Keine Messungen
sp. W.										
Glabella . . .	10	4	4	12	—	4	11	5	4	
Nasenspitze . .	3	2	2	5,5	—	2	5	2	2	
Roth der Unterlippe . . .	3	1	1	2,5	—	1	2	1	1	
Jochbein (Mitte)	15	8	8	17	—	8	19	10	8	
Ballen d. rechten Daumens . .	9	4,5	4	9	—	4	8	5	4	
Kuppe d. rechten Zeigefingers .	2,5	2	1	3	—	1	3	2	1	

1) Bei 19 bis 22 mm Entfernung konnte nicht mit Sicherheit angegeben werden, ob die Zirkelspitzen sich nähern oder mehr von einander weichen.

2) Bei 10 bis 12 mm Entfernung wurden 2 Eindrücke als 3 empfunden.

3) Der einfach empfundene Eindruck wurde auf verschiedenen Stellen der Backe empfunden.

C. K. Alter 16 Jahre. Näheres in der Tabelle für das mündliche Examen.

Tabelle LXV.

Arbeitsfeld	1. Tag: Deutscher Aufsatz			2. Tag: Französische Arbeit			3 Tag: Mathematische Arbeit			4. Tag: Englische Arbeit
Messungszeiten	12 h	5 h	Ferientag	10h	erst nach 7 Std. 5 h	Ferientag	12 1/4 h	5 1/4	Ferientag	Keine Messungen
sp. W.										
Glabella . . .	9	4,5	4	10	4,5	4	11	4,5	4	
Nasenspitze . .	3,5	3	3	5,5	3	3	5	3	3	
Roth der Unterlippe	3	1,5	1,5	3	1,5	1,5	2,5	2	1,5	
Jochbein (Mitte)	11	7	6	13,5	6	6	19	9	6	
Ballen d. rechten Daumens . .	10	4,5	4	10	4	4	9	4	4	
Kuppe d. rechten Zeigefingers .	2,5	2	1,5	2	2	1,5	3,5	2	1,5	

K. H. Alter 17 Jahre. Näheres in der Tabelle für das mündliche Examen.

Tabelle LXVI.

Arbeitsfeld	1. Tag: Deutscher Aufsatz			2. Tag: Französische Arbeit			3. Tag: Mathematische Arbeit			4. Tag: Englische Arbeit
Messungszeiten	1/2 12h	—	Ferientag	11 h	3 h	Ferientag	12 h	5 h	Ferientag	Keine Messungen
sp. W.										
Glabella . . .	11	—	5	12,5	5	5	10	5	5	
Nasenspitze . .	4	—	1,5	4,5	3	1,5	5	2	1,5	
Roth der Unterlippe . . .	2	—	1,5	2	1,5	1,5	2,5	1,5	1,5	
Jochbein (Mitte)	11	—	6	15	6,5	6	15	6	6	
Ballen d. rechten Daumens . .	10	—	5	10	5	5	8	5	5	
Kuppe d. rechten Zeigefingers .	3	—	1	2	1	1	2,5	1	1	

A. R. Alter 14 ½ Jahre. Näheres in der Tabelle für das mündliche Examen.

Tabelle LXVII.

Arbeitsfeld	1. Tag: Deutscher Aufsatz			2. Tag: Französische Arbeit			3. Tag: Mathematische Arbeit			4. Tag: Englische Arbeit
Messungszeiten	½12h	—	Ferientag	11 h	3 h	Ferientag	12 h	5 h	Ferientag	Keine Messungen
sp. W.										
Glabella . . .	12	—	4	11	5,5	4	15	8	4	
Nasenspitze . .	5	—	2	5	3,5	2	5	3,5	2	
Roth der Unterlippe	4	—	1	2,5	2	1	2,5	1,5	1	
Jochbein (Mitte)	15,5	—	5	16,5	9	5	15	9	5	
Ballen d. rechten Daumens . .	12	—	4,5	8,5	5,5	4,5	9	4,5	4,5	
Kuppe d. rechten Zeigefingers .	2,5	—	1	2,5	2	1	3	2	1	

M. K. Alter 16 Jahre. Näheres in der Tabelle für das mündliche Examen.

Tabelle LXVIII.

Arbeitsfeld	1. Tag Deutscher Aufsatz			2. Tag Französische Arbeit			3. Tag Mathemat. Arbeit			4. Tag Englische Arbeit		
Messungszeiten	½12 h	—	Ferientag	11 h	—	Ferientag	12 h	5 h	Ferientag	10 h	5 h	Ferientag
sp. W.												
Glabella . . .	10	—	4	13	—	4	11	4	4	12,5	8	4
Nasenspitze . .	4,5	—	2	5	—	2	5	2	2	5	5	2
Roth der Unterlippe	2,5	—	1,5	3	—	1,5	2	1,5	1,5	3,5	2	1,5
Jochbein (Mitte)	7	—	5,5	14	—	5,5	14	6	5,5	15	11	5,5
Ballen d. recht. Daumens . .	7	—	4	9	—	4	7	4	4	8,5	6	4
Kuppe d. recht. Zeigefingers .	2,5	—	1,5	2,5	—	1,5	2	2	1,5	3	2	1,5

K. E. Alter 17 Jahre. Näheres in der Tabelle für das mündliche Examen.

Tabelle LXIX.

Arbeitsfeld	1. Tag Deutscher Aufsatz			2. Tag Französische Arbeit			3. Tag Mathemat. Arbeit			4. Tag Englische Arbeit
Messungszeiten	12 h	—	Ferientag	10 h	4 h	Ferientag	12 h	5 h	Ferientag	Keine Messungen
sp. W.										
Glabella	12	—	3,5	7	4,5	3,5	12	4,5	3,5	
Nasenspitze . . .	5	—	2,5	5,5	3	2	7	3,5	2	
Roth d. Unterlippe	2	—	2	3	2	2	3	2	2	
Jochbein (Mitte) .	10,5	—	4	15	6,5	4	22	7	4	
Ballen des rechten Daumens . . .	12	—	3,5	8	4	3,5	12	5	3,5	
Kuppe des rechten Zeigefingers . .	3	—	1	3	2	1	3	1	1	

M. Sch. Alter 18 Jahre, Körperlänge ?, Gewicht ?, Haar blond, Augen braun. Begabung und Fleiss mittelmässig. Bemerkungen: Haut auf der Stirn und um die Augen faltig; im Gesichte Epheliden, injicirte Scleralgefässe; der Schüler wird auf Struma (Kropf) behandelt.

Tabelle LXX.

Arbeitsfeld	1. Tag Deutscher Aufsatz			2. Tag Französische Arbeit			3. Tag Mathemat. Arbeit			4. Tag Englische Arbeit		
Messungszeiten	12¼ h	—	Sonntag	11 h	3 h	Sonntag	12 h	—	Sonntag	11 h	5 h	Sonntag
sp. W.												
Glabella	12	—	3,5	13	7	3,5	14	—	3,5	15	12	3,5
Nasenspitze . . .	4	—	2	7	3	2	7	—	2	8	6	2
Roth der Unterlippe	2,5	—	2	3	2	2	4	—	2	5,5	3	2
Jochbein (Mitte) .	12	—	4,5	15	7	4,5	19	—	4,5	23	9	4,5
Ballen des rechten Daumens . . .	9	—	4	11	3	4	14	—	4	14	6	4
Kuppe des rechten Zeigefingers . .	3	—	1,5	3	2,5	1,5	3,5	—	1,5	3,5	2,5	1,5

Mündliche Prüfung der Cl. I (Untersecunde) der Oberrealschule.

Die Prüfung wurde unter dem Vorsitze eines Regierungscommissars (Oberschulraths) sectionsweise vorgenommen. Die einzelnen Abtheilungen bestanden aus 4 bis 5 Schülern. In alphabetischer Reihenfolge wurde jeder derselben 5—10 Minuten in dem gleichen Fache geprüft. Während der Prüfung des Einzelnen blieb die Aufmerksamkeit aller übrigen der Abtheilung angehörigen

Schüler in Anspruch genommen. Gleich nach Beendigung des ersten Faches folgte ein zweites. Nach der Prüfung in dem zweiten Fache wurde eine Pause von 10—15 Minuten gemacht. Dann folgte die Prüfung in zwei anderen Fächern in derselben Weise. Die Prüfung erstreckte sich über 42 Schüler, von denen hier 35 berücksichtigt werden konnten. Für alle Messungen sp. W.

I. Abtheilung.

Dauer der Prüfung von 7 Uhr 50 Min. bis 9 Uhr 50 Min. Fächer: Französisch, Deutsch, Geschichte, Mathematik.

Tabelle LXXI.

Messungszeit	Vor der Prüfung	Nach der Prüfung	Arbeitsfreie Zeit	Vor der Prüfung	Nach der Prüfung	Arbeitsfreie Zeit	Vor der Prüfung	Nach der Prüfung	Arbeitsfreie Zeit	Vor der Prüfung	Nach der Prüfung	Arbeitsfreie Zeit
Name	C. E.			K. G.			P. G.			E. G.		
Stirn (Glabella)	5	12	3,5	4	16	4	5,5	13	6	8	13	4,5
Nasenspitze . .	2	5,5	2	2	6	2	2	5	1,5	2	4,5	1,5
Roth der Unterlippe . . .	2	4	2	2	5	2	2	4	2	2	3	1,5
Jochbein (hint.)	6	31	6	10	19	8	8	22	8,5	12	20	8
Jochbein (vorne)	4,5	15	4	8	12	6	6,5	2	6,5	9	12	6
Ballen des Daumens . .	5	14	3,5	8	12	6	5,5	12	5	6	9	5
Kuppe d. Zeigefingers . . .	1,5	4,8	1	1,5	4,5	1,5	1,5	3	1,2	2	4	1
Alter	März 1877			Decemb. 1877			Septemb. 1879			März 1878		
Körperlänge . .	162 cm			170 cm			157 cm			165 cm		
Gewicht . . .	64 kg			67 kg			45 kg			50 kg		
Haar	schwarzbraun			blond			dunkelblond			blond		
Augen	braun			graubraun			dunkelbraun			graublau		
Begabung . .	ziemlich gut			gut			gut			mittelmässig		
Fleiss	ziemlich gut			gut			gut			gut		

Zu C. E.: Injicirte Scleralgefässe; Epheliden, frisches Aussehen.

Zu K. G.: Haut in der Umgebung der Augen und auf der Stirn faltig, häufig Nasenbluten.

Zu P. G.: Haut auf der Stirn leicht faltig; Panniculus schwach entwickelt, häufig Nasenbluten, gebraucht wegen Anaemie die Quelle von Leviko; während des unruhigen Schlafes redet der Schüler viel.

Zu E. G.: Haut in der Umgebung der Augen und auf der Stirn faltig, Conjunctiva (Augenbindehaut) und Gingiva (Zahnfleisch) anaemisch, häufiges Nasenbluten, der Schüler arbeitete einige Wochen vor dem Examen häufig bis 3 Uhr Nachts, sein Schlaf wird durch Aufschrecken gestört.

II. Abtheilung.

Dauer der Prüfung von 10 Uhr bis 12 Uhr 10 Min. Fächer: Englisch, Chemie, Physik, Geographie.

Tabelle LXXII.

Messungszeit / Name	Vor der Prüfung	Nach der Prüfung	Arbeitsfreie Zeit	Vor der Prüfung	Nach der Prüfung	Arbeitsfreie Zeit	Vor der Prüfung	Nach der Prüfung	Arbeitsfreie Zeit	Vor der Prüfung	Nach der Prüfung	Arbeitsfreie Zeit	Vor der Prüfung	Nach der Prüfung	Arbeitsfreie Zeit
	K. H.			P. J.			C. K.			G. K.			R. L.		
Stirn (Glabella) .	6	13,5	5	10	17	8	6	13	4	9	16	9	8	20	5
Nasenspitze . . .	2	5	1,5	3,5	6,5	3,5	4	6	3	?	5	2,5	3,5	5	1,5
Roth d. Unterlippe	2	4	1,5	2	5	2	1,5	5	1,5	?	4	2	1,5	3,5	1
Jochbein (hinten)	10	16	8	12,5	25	9	11	17	7	15	24	10	11	28	8
Jochbein (vorn) .	2	11	6	11	15	7,5	8	12	5	11	13	7	8	12	5
Ballen d. Daumens	6,5	12	5	8,5	13,5	6,5	6,5	12	4	7	14	6	7	10,5	4,5
Kuppe d. Zeigefing.	1,5	4	7	1,5	3	1,5	1,5	3	1,5	2	4,5	2	1,5	3	1,2
Alter	Sept. 1877			Sept. 1878			Nov. 1878			Juni 1874			Jan. 1878		
Körperlänge . .	173 cm			174 cm			170 cm			176 cm			156 cm		
Gewicht	56 Kilo			64 Kilo			56 Kilo			70½ Kilo			50 Kilo		
Haare	braun			braun			schwarz			dunkelbraun ebenf. d. Bart			rothblond		
Augen	braun			braun			braun			braun			blau		
Begabung . . .	zieml. gut			zieml. gut			zieml. gut			zieml. gut			zieml. gut		
Fleiss	gut			» »			gut			zuletzt z. g.			» »		

Zu K. H.: Stark injicirte Scleral- und Lidgefässe, Nystagmus und Blepharospasmus (Lidkrampf), der namentlich bei Gemüthserregung heftig auftritt, z. B. während der Prüfung; auch sonst erhöhte Reflexerregbarkeit, Zittern der Hände. Auf dem linken Ohre besteht Perforation des Trommelfells, Panniculus schwach entwickelt, oft Nasenbluten; Brille: — 2,25 D, der Schüler träumt viel von Schularbeiten.

Zu P. J.: Blasse Gesichtsfarbe, unreiner Teint, erhöhte Reflexerregbarkeit, der Schüler ist etwas anaemisch und medicinirt desswegen zeitweilig. Vor dem Examen hat der Schüler vor Aufregung und Angst vor dem Fach der Geschichte, wie er angab, nicht geschlafen.

Zu C. K.: Derselbe Schüler wie in Tab. LXV. Blasses anaemisches Aussehen; der Schüler trinkt zeitweilig Stahlquelle, Haut in der Umgebung der Augen faltig, Zittern der Hände. In der Nacht nach dem Examen hat der Schüler von diesem unangenehm geträumt, ein derartiges Träumen findet sich häufig, der Schüler erwacht aus solchen Träumen mit einem Schrei und Herzklopfen.

Zu G K.: Der Schüler klagt über Herzklopfen; der Puls ist unregelmässig. Stark geröthete Lidränder, injicirte Scleralgefässe, Epheliden im Gesichte.

Zu R. L.: Stark geröthete Lidränder, injicirte Scleralgefässe, Epheliden im Gesichte.

III. Abtheilung.

Dauer der Prüfung von 3 Uhr 5 Min. bis 5 Uhr 20 Min. Fächer: Englisch, Deutsch, Geographie, Physik.

Tabelle LXXIII.

Messungszeit / Name	Vor der Prüfung	Nach der Prüfung	Arbeitsfreie Zeit	Vor der Prüfung	Nach der Prüfung	Arbeitsfreie Zeit	Vor der Prüfung	Nach der Prüfung	Arbeitsfreie Zeit	Vor der Prüfung	Nach der Prüfung	Arbeitsfreie Zeit	Vor der Prüfung	Nach der Prüfung	Arbeitsfreie Zeit
	F. M.			J. M.			A. M.			F. P.			A. R.		
Stirn (Glabella) . .	9	17	5	8	12	6	7,5	13	4,5	9	19	4	6	17	4
Nasenspitze . . .	5	4	2	4,2	5	2	3	5	2	4	5	2	4	5	2
Roth d. Unterlippe .	1,5	4	1,5	3	3	1,5	2,5	3	1	4	5,5	1	2	3,5	1
Jochbein (hinten) .	14	20	8	12	15	7	12	17	8,5	3	20	8,5	15	27	7
Jochbein (vorne) .	10	14	6	8,5	12	5	10	12	6	9	15	6	10	17	5,5
Ballen d. Daumens .	7	12	4	7	9	4	10	11	5	7	11	4	6	10	4,5
Kuppe d. Zeigefing.	2	4	1	2	3	1	3	3	1,5	2,5	2	1	2	3,5	1
Alter	Aug. 1878			März 1879			Mai 1877			Sept. 1877			Sept. 1879		
Körperlänge . . .	168 cm			158 cm			172,5 cm			173 cm			169 cm		
Gewicht	52 kg			48 kg			72,5 kg			62,5 kg			57 kg		
Haar	braun			blond			blond			braun			schwarzbr.		
Augen	gelbbraun			blau			blau			graubraun			graublau		
Begabung	zieml. gut			gut			zieml. gut			zieml. gut			zieml. gut		
Fleiss	gut			zieml. gut			» »			» »			gering		

Zu F. M.: Der Schüler lahmt in Folge essentieller Kinderlähmung auf dem rechten Beine. Der Schüler klagt häufig über Kopfschmerz, gibt an Examensangst vor der Geschichte gehabt zu haben.

Zu J. M.: Schwach entwickelter Panniculus, geröthete Lidränder.

Zu A. M.: Injicirte Scleralgefässe, unruhiger Schlaf mit Aufschreien und Wandeln.

Zu F. P.: Derselbe Schüler wie in Tab. LXIV. Vor 2 Jahren auf dem rechten Auge Strabismusoperation. Linkes Auge schwach myop. Im Bereiche des linken II. Trigeminusastes besteht eine Neurose, die sich in zeitweisen spastischen Contractionen einzelner Muskelgruppen der Wange kund gibt. Stirnhaut zeigt leichte Falten. Alle 2 bis 3 Monate stellt sich fast täglich Nasenbluten ein. Der Schüler verlässt gelegentlich im Schlafe das Bett und wandelt im Zimmer umher; Auswendiggelerntes wird im Traume reproducirt.

Zu A. R.: Derselbe Schüler wie in Tab. LXVII. Blasse Gesichtsfarbe, unreiner Teint, Haut auf der Stirn und im Bereiche des Orbicularis oculi mit leichten Falten; träumt von Schularbeiten.

IV. Abtheilung.

Dauer der Prüfung von 5 Uhr 50 Min. bis 7 Uhr 20 Min. Fächer: Geschichte, Französisch, Mathematik, Chemie.

Tabelle LXXIV.

Messungszeit	Vor der Prüfung	Nach der Prüfung	Arbeitsfreie Zeit	Vor der Prüfung	Nach der Prüfung	Arbeitsfreie Zeit	Vor der Prüfung	Nach der Prüfung	Arbeitsfreie Zeit	Vor der Prüfung	Nach der Prüfung	Arbeitsfreie Zeit
Namen	A. S.			A. Sch.			P. S.			E. S.		
Stirn (Glabella) .	9	15	3,5	11	15	4,5	9	15	6	6	12	5
Nasenspitze . .	4	5	2	3	6	2	3	5	1,5	2	3	1,5
Roth der Unterlippe . . .	2	3	1	3	4,5	1,5	3	5	1,5	1,5	3	1,2
Jochbein (hint.)	11	25	6	14	21	9	14	25	8	11	24	9
Jochbein (vorne)	7	13	4	10	17	7	9	14	6	8	15	6,5
Ballen des Daumens . .	8	11	4	6	11	3,5	7	10	4,5	6	10	5,5
Kuppe d. Zeigefingers . . .	3	3	1	2	3,5	1	2	3,5	1	1,5	3	1,5

	A. S.	A. Sch.	P. S.	E. S.
Alter	Zu vergl.	Novemb. 1879	April 1878	Juli 1877
Körperlänge . .	Tab. XXXIV	163 cm	156 cm	155 cm
Gewicht . . .		40 kg	$47^1/_2$ kg	70 kg
Haar		blond	braun	schwarz
Augen		blau	braun	braun
Begabung . . .		gut	ziemlich gut	ziemlich gut
Fleiss		gut	gut	wenig befriedigend

Zu A. Sch.: Zarte Körperbeschaffenheit; erhöhte Reflexerregbarkeit, Zittern der Hände, schläft schwer ein, träumt viel von seinen Schularbeiten, namentlich in der Zeit vor und unmittelbar nach der Prüfung, gibt an, Examensangst vor der Geschichte gehabt zu haben.

Zu P. S.: Orbicularis oculi welk, blasses Aussehen, oft Kopfweh und Herzklopfen, Zittern der Hände, Pannicularis mangelhaft entwickelt; in den letzten Nächten vor der Prüfung wenig geschlafen, Examensangst vor der Geschichte, im Traume wird Auswendiggelerntes reproducirt.

Zu E. S.: Gelber Teint, stark injicirte Scleralgefässe.

V. Abtheilung.

Dauer der Prüfung von 7 Uhr 20 Min. bis 9 Uhr 20 Min. Fächer: Französisch, Deutsch, Geschichte, Mathematik.

Tabelle LXXV.

Messungszeit / Name	Vor der Prüfung	Nach der Prüfung	Arbeitsfreie Zeit	Vor der Prüfung	Nach der Prüfung	Arbeitsfreie Zeit	Vor der Prüfung	Nach der Prüfung	Arbeitsfreie Zeit	Vor der Prüfung	Nach der Prüfung	Arbeitsfreie Zeit
	C. W.			C. Wlt.			L. W.			C. Wk.		
Stirn (Glabella) .	5,5	15	4	6,5	11	5	11	15	7	7	12	5
Nasenspitze . .	2,5	6	2	3	7	2	4	6	2	2,5	6,5	2
Roth der Unterlippe . . .	2	4	1	1	3	4	2	5	1,5	1	3	1
Jochbein (hint.)	1,2	27	7	10	30	8	14	20	8	12	19	10
Jochbein (vorne)	10	20	5	7	16	6	10	11	6	10	13	8
Ballen des Daumens . .	2	4	1,0	5	11	4	5	7	4	5	11	4
Kuppe d. Zeigefingers . . .	—	—	—	1,5	3,5	1	1	3	1	1,5	2,5	1

	C. W.	C. Wlt.	L. W.	C. Wk.
Alter	April 1878	März 1876	Sept. 1878	Juni 1877
Körperlänge . .	162 cm	177 cm	157 cm	160 cm
Gewicht . . .	52½ kg	71 kg	45 kg	60 kg
Haar	dunkelblond	braun	braun	dunkelblond
Augen	graublau	braun	braun	braun
Begabung . . .	ziemlich gut	mittelmässig	mittelmässig	ziemlich gut
Fleiss	ziemlich gut	ziemlich gut	mittelmässig	mittelmässig

Zu C. W.: Schlaffer Orbicularis oculi, blasse Gesichtsfarbe, öfters Nasenbluten; in den letzten Nächten vor dem Examen nicht geschlafen.

Zu C. Wlt.: Klagt häufig über Kopfweh; Zittern der Hände, träumt Nachts von Geschichtsdaten.

Zu L. W.: Zarte Körperbeschaffenheit, Panniculus mangelhaft entwickelt, Orbicularis oculi schlaff, tiefe Stirnfalten.

Zu C. Wk: Linkes Ohr schwerhörig; athmet wegen operativer Eingriffe in der Nase durch den Mund; Gesicht mit zahlreichen Epheliden.

VIII. Abtheilung.

(VI. und VII. Abtheilung konnten nicht gemessen werden.)

Dauer der Prüfung von 3 Uhr bis 5 Uhr 40 Min. Prüfungsfächer: Englisch, Deutsch, Physik, Geographie.

Tabelle LXXVI.

Messungszeit	Vor der Prüfung	Nach der Prüfung	Arbeitsfreie Zeit	Vor der Prüfung	Nach der Prüfung	Arbeitsfreie Zeit	Vor der Prüfung	Nach der Prüfung	Arbeitsfreie Zeit	Vor der Prüfung	Nach der Prüfung	Arbeitsfreie Zeit	Vor der Prüfung	Nach der Prüfung	Arbeitsfreie Zeit
Name	G. K.			J. K.			M. K.			K. K.			V. K.		
Stirn (Glabella) . .	5,5	12[1]	5	4,5	12	4	7,5	14	4	6,5	10	5,5	5	17	5
Nasenspitze . . .	1,5	5	1,3	1,5	4	1,5	3	6	2	2	5	1,5	3	7	3
Roth der Unterlippe	1,5	2,5	1	1,5	3	1,5	3	4	1,5	1	3	1	2,5	4,5	2
Jochbein (hinten) .	8	24	7	7,5	22	9	11	25	7	8	21	8	12	34	10
Jochbein (vorne) .	6	11	6	5	12	7	8,5	12	5	5	9	5	9	17	5
Ballen des Daumens	5	9	3,5	5	12	5	8	11,5	4	2,5	9	5	8	15	6
Kuppe des Zeigefingers	2	3	1,5	1	3,5	1	1	2,5	1,5	2,5	3	2	2,5	4	1
Alter	Febr. 1877			März 1879			Dec. 1877			Juli 1878			Aug. 1876		
Körperlänge . . .	161 cm			?			165 cm			170 cm			169 cm		
Gewicht	57,5 kg			?			63 kg			54 kg			62,5 kg		
Haar	braun			dunkelbld.			dunkelbld.			blond			blond		
Augen	graublau			braun			braun			blau			braun		
Begabung	zieml. gut			zieml. gut			gut			zieml. gut			mittelmäss.		
Fleiss	gut			gut			zieml. gut			» »			gut		

Zu G. K.: Schlaffer Orbicularis oculi, Zittern der Hände. — Der Schüler machte das Examen zum zweiten Male.

Zu J. K.: Schlaffer Orbicularis oculi, Conjunctiva und Gingiva anaemisch, Panniculus mangelhaft entwickelt.

Zu M. K.: Derselbe Schüler wie in Tab. LXVIII. Orbicularis oculi schlaff, Brille — 1,5; klagt über Hautjucken und Kopfweh, medicinirt Eisenpräparate, häufig Nasenbluten Morgens nach dem Aufstehen, unruhiger Schlaf, häufig mit Alpdrücken.

Zu K. K.: Muskulatur und Panniculus schwach entwickelt, schlaffer Orbicularis oculi, stark injicirte Scleralgefässe, auffallend weite Pupillen; nächtliches Aufschrecken.

Zu V. K.: Alte und welke Gesichtszüge, Haut auf der Stirn und in der Umgebung der Augen faltig, litt zeitweise unter Heimweh.

1) Bei 14—16 mm Entfernung wurden 2 Eindrücke als 3 empfunden.

IX. Abtheilung (mit Ausnahme eines Schülers).

Dauer der Prüfung von 6 Uhr 15 Min. bis 7 Uhr 30 Min. Prüfungsfächer: Mathematik, Französisch, Chemie, Geschichte.

Tabelle LXXVII.

Messungszeit / Name	Vor der Prüfung	Nach der Prüfung	Arbeitsfreie Zeit	Vor der Prüfung	Nach der Prüfung	Arbeitsfreie Zeit	Vor der Prüfung	Nach der Prüfung	Arbeitsfreie Zeit
	H. L.			L. L.			K. M.		
Stirn (Glabella)	7	15	6,5	10	16	7	8	15	6
Nasenspitze .	3,5	6	3,5	5	7	3,5	3	8	2
Roth d. Unterlippe . . .	2,5	4	2,5	3	5	2	2	3,5	1,5
Jochbein (hinten) . .	12	24	10	13	24	8,5	10	18	6,5
Jochbein (vorne) . .	7,5	12	6,5	6,5	11	6	6	12	4
Ballen des Daumens .	7	11	5	3	4	2	6	10	5
Kuppe des Zeigefingers	2	4	1,5	—	—	—	2	3	1
Alter	Juni 1877			August 1875			August 1876		
Körperlänge .	180 cm			179 cm			178 cm		
Gewicht . .	79 kg			64 kg			76 kg		
Haar . . .	blond			dunkelblond			braun		
Augen . . .	blau			blau			braun		
Begabung . .	ziemlich gut			mittelmässig			gut		
Fleiss . . .	gut			ziemlich gut			gut		

Zu H. L.: Injicirte Scleralgefässe, häufig Kopfweh, namentlich im Hinterkopf und in der Supraorbitalgegend, häufig Nasenbluten und Herzklopfen, Körper aber kräftig entwickelt.

Zu L. L.: Injicirte Scleralgefässe, Orbicularis oculi schlaff, tiefliegende Augen, Panniculus mangelhaft entwickelt, häufig Nasenbluten.

Zu K. M.: Injicirte Scleralgefässe, Stirnfalten, Epheliden.

X. Abtheilung (mit Ausnahme eines Schülers).

Prüfungsdauer von 7 Uhr 25 Min. bis 9 Uhr 30 Min. Prüfungsfächer: Deutsch, Französisch, Mathematik, Geschichte.

Tabelle LXXVIII.

Messungszeit / Name	Vor der Prüfung	Nach der Prüfung	Arbeitsfreie Zeit	Vor der Prüfung	Nach der Prüfung	Arbeitsfreie Zeit	Vor der Prüfung	Nach der Prüfung	Arbeitsfreie Zeit
	A. Sch.			M. Sch.			L. S.		
Stirn (Glabella)	11	15	5	7	15	7	9	15	9
Nasenspitze .	4	8	2,5	3	5	2	4	3	3
Roth d. Unterlippe . . .	1,5	4	1,5	1,5	3,5	1	1,5	2,5	1,5
Jochbein (hinten) . .	11	27	7	11	26	9	10	25	9
Jochbein (vorne) . .	8	14	5	7	12	6	7	15	7
Ballen des Daumens .	8	12	5	7	11	5	6	10,5	5
Kuppe des Zeigefingers	1,5	5	1	1,5	2,5	1	1,5	2,5	1
Alter . . .	Juni 1876			Februar 1878			Decemb. 1876		
Körperlänge	173 cm			173 cm			164 cm		
Gewicht . .	76 kg			63 kg			63,5 kg		
Haar . . .	blond			schwarzbraun			blond		
Augen . . .	braun			braun			grau		
Begabung .	mittelmässig			ziemlich gut			mittelmässig		
Fleiss . . .	gut			gut			gering		

Zu A. Sch.: Wegen neuralgischer Schmerzen in den Eingeweiden, in der Seite und im Rücken, wegen häufiger Kopfschmerzen, Appetitlosigkeit und Abgeschlagenheit musste sich der Schüler nach dem schriftlichen Examen in eine Kaltwasserheilanstalt begeben.

Zu M. Sch.: Faltige Haut auf der Stirn und in der Umgebung der Augen, Zittern der Hände, träumte vor dem Examen viel von seinen Schularbeiten, namentlich von mathematischen Formeln und Geschichtszahlen.

Zu L. S.: Stirnfalten; manchmal Kopfweh und Alpdrücken.

XI. Abtheilung (mit Ausnahme von zwei Schülern).

Prüfungsdauer von 10 Uhr 20 Min. bis 12 Uhr 35 Min. Prüfungsfächer: Chemie, Physik, Geographie, Englisch.

Tabelle LXXIX.

Messungszeit / Name	A. W. Vor der Prüfung	A. W. Nach der Prüfung	A. W. Arbeitsfreie Zeit	L. Z. Vor der Prüfung	L. Z. Nach der Prüfung	L. Z. Arbeitsfreie Zeit
Stirn (Glabella)	7	10	4,5	6	14	5
Nasenspitze	4	4,5	1,5	3	5	1,5
Roth der Unterlippe	2,5	3	1	2	4	1
Jochbein (hinten)	11	15	6	10	20	9
Jochbein (vorne)	8	13	5	7	17	6
Ballen des Daumens	8	9	5	6	10	4
Kuppe des Zeigefingers	2	3	1,5	2,5	4	1,5
Alter	Juli 1877			Januar 1880		
Körperlänge	170 cm			162 cm		
Gewicht	62,5 kg			56 kg		
Haar	blond			blond		
Augen	graubraun			blau		
Begabung	gut			gut		
Fleiss	»			»		

Zu A. W.: Stark injicirte Scleralgefässe, Hautfalten auf Stirn und in der Umgebung der Augen, der Schlaf wird häufig durch Aufschrecken unterbrochen.

Zu L. Z.: Zittern der Hände.

Ueber die Ermüdung der Herren Examinatoren konnten aus Mangel an Zeit keine Untersuchungen angestellt werden. Der Herr Regierungscommissar hatte die Freundlichkeit, sich am zweiten und dritten Prüfungstage der Messung zu unterziehen, und welchen Grad die geistige Ermüdung bei demjenigen erreicht, der die Prüfung leitet, mit gespannter Aufmerksamkeit ihren Ergebnissen folgt und auch gelegentlich selbst die Prüfung übernimmt, zeigen die Beträge (Tab. LXXX), welche diese Messungen ergeben haben. —

Tabelle LXXX.

	2. Prüfungstag				3. Prüfungstag	
	7 h	11 h 45 M.	3 h	7 h 45 M.	7 h	12 h 40 M.
sp. W.						
Glabella . . .	8	12	7	18	10,5	18
Nasenspitze . .	5	9	5	8,5	7	11
Roth der Unterlippe . . .	2,5	4,5	3	5	5	7
Jochbein (hint.)	13	26	18	34	15	28
Jochbein (vorne)	10	16	10	17,5	11	19
Daumenballen .	7	11,5	9	14,5	9	12
Zeigefingerkup.	1,5	3	2,5	5	2	4

Endlich führe ich noch die Maassbeträge an, welche ich bei der mündlichen Reifeprüfung der beiden Schüler der oberen technischen Fachclasse erhielt.

Prüfungsfächer: Mechanik, Mathematik, Physik, Chemie.
Prüfungsdauer: 30 Min. 25 Min. 20 Min. 20 Min.

Tabelle LXXXI.

	X. L. Derselbe Schüler wie in Tab. XLVIII			H. Th. Derselbe Schüler wie in Tab. XLVII		
	Vor der Prüfung	nach d. Prüfung	Normalen	Vor der Prüfung	nach d. Prüfung	Normalen
sp. W.						
Glabella	5	17	3,5	5	15	4
Nasenspitze	2,5	5	2	3	6	3
Roth der Unterlippe .	2	4	2	2,5	3	2
Jochbein (hinten) . .	7	29	5	7	28	6
Jochbein (vorne) . .	5	21	3,5	6	20	4,5
Daumenballen . . .	4	14	4	5,5	12	4,5
Zeigefingerkuppe . .	1,5	3	1,5	2,5	3	2

Bis soweit reichen die Untersuchungen, welche ich im Sommer 1894 anstellen konnte. Im Juli 1895 habe ich noch Gelegenheit gehabt, die Messungen an elf Schülern während der mündlichen Abiturientenprüfung vorzunehmen.

Die mündliche Prüfung im Gymnasium erstreckte sich über 12 Schüler, von denen 8 gemessen wurden. Prüfungsfächer waren: Latein, Mathematik, Griechisch, Geschichte und Französisch. Zur Prüfung wurden jedesmal 4 Schüler herangezogen. Die Dauer des Examens, mit 10 bis 15 Minuten Pause zwischen den einzelnen Fächern, betrug etwa 4½ Stunden.

Tabelle LXXXII.

Messungszeit	Vor der Prüfung 3 h Nachm.	Nach der Prüfung 8 h Abends	Sonntags	Vor der Prüfung 3 h Nachm.	Nach der Prüfung 8 h Abends	Sonntags	Vor der Prüfung 3 h Nachm.	Nach der Prüfung 8 h Abends	Sonntags	Vor der Prüfung 3 h Nachm.	Nach der Prüfung 8 h Abends	Sonntags
Name	B. (wie Tab. 41)			K.			J.			Kn.		
sp. W.												
Stirn (Glabella)	6	14	3	6	15	4,5	7	12	5	11	16	4,5
Nasenspitze	4	6	1,5	3,5	7	2	4	6	2	3	6	2
Roth der Unterlippe	3	4	1	3	4,5	2	3	4	2	3	5	2
Jochbein (hint.)	9	20	6	14	26	8,5	12	28	9	16	22	7
Jochbein (vorn.)	6	14	5	10	17	6,5	10	16	7	14	17	4,5
Ballen des Daumens	5	12	3,5	7	11	4	6	11	5	9	16	6
Kuppe des Zeigefingers	1,5	3	1	2	3	1	1,5	3	1,5	2	3	1,5

Tabelle LXXXIII.

Messungszeit	Vor der Prüfung 7 h Morgens	Nach der Prüfung 12 h	Sonntags	Vor der Prüfung 7 h Morgens	Nach der Prüfung 12 h	Sonntags	Vor der Prüfung 7 h Morgens	Nach der Prüfung 12 h	Sonntags	Vor der Prüfung 7 h Morgens	Nach der Prüfung 12 h	Sonntags
Name	Kr.			Kz.			v. L.			N.		
sp. W.												
Stirn (Glabella)	10,5	12	Schüler verreist	9	15	5	6	13	Schüler verreist	11	14	3,5
Nasenspitze	2,5	4		4,5	7	2	3,5	4		3	5	2
Roth der Unterlippe	3	5		3	4	1,5	1,5	3		2	3,5	2
Jochbein (hint.)	10	21		17	23	9	10	20		13	20	5,5
Jochbein (vorn.)	6	15		12	15	6,5	6,5	15		11	17	4,5
Ballen des Daumens	10	13		7	10	5	5,5	10		6	11	3,5
Zeigefingerkuppe	2	3		2	2,5	1,5	1,5	2,5		1,5	2	1

Die mündliche Abiturientenprüfung an der Oberrealschule erstreckte sich über 3 Schüler. Die Prüfungsfächer waren: Mathematik (Algebra, analytische Geometrie, Trigonometrie), Französisch, Geschichte, Englisch, Chemie.

Anfang der Prüfung 7½ Uhr morgens, Schluss 12 Uhr. Zwischen den einzelnen Fächern Erholungspausen von 10 bis 15 Minuten.

Tabelle LXXXIV.

Messungszeit	Vor der Prüfung 7 h Morgens	Nach der Prüfung 12 h	Sonntags	Vor der Prüfung 7 h Morgens	Nach der Prüfung 12 h	Sonntags	Vor der Prüfung 7 h Morgens	Nach der Prüfung 12 h	Sonntags
Name	G. (wie in Tab. IX)			D. (wie in Tab. VIII)			P.		
sp. W.									
Stirn (Glabella) .	5	10	3,5	5	12,5	4,5	9	11	5
Jochbein (hinten)	9	17	7,5	9,5	26	9	12	15	7,5
Jochbein (vorne)	5	15	4,5	5	17	5	9,5	14	6
Daumenballen .	6	10	5	7	10	3	7	9	5
Kuppe des Zeigefingers . . .	2	3	1,5	2	2,5	1	2	3	2

Aus den letzten drei Tabellen ist ersichtlich, dass alle Schüler mit mehr oder weniger herabgesetzter Sensibilität in das Examen eintraten. Die Ursache hierfür ist zweifelsohne die psychische Erregung, bei einzelnen verbunden mit physischer Unpässlichkeit. Trotz der Erholungspausen ist die Ermüdung am Schlusse der Prüfung beteutend. Die meisten Schüler des Gymnasiums gaben an, in den letzten 4 bis 5 Wochen vor dem Examen nach der Schulzeit noch 5 bis 7 Stunden, häufig Nachts bis 12, ja mehrfach bis ½2 Uhr zu Hause gearbeitet und vielfach von ihren Arbeiten geträumt zu haben. Die Realschüler haben im Allgemeinen weniger Zeit auf ihre häuslichen Arbeiten verwendet; sie waren aber auch des Nachmittags in der Schule beschäftigt — an einzelnen Tagen bis 6 Uhr — während ihre Kameraden Nachmittags keinen Unterricht hatten. Interessant sind folgende Einzelheiten: Der Schüler Kn. besitzt ein bedauernswerthes Aussehen. Er klagt über Nervosität, die Augen sind matt und glanzlos, die Sclera ist stark injicirt. Kopfweh und Herzklopfen waren tägliche Erscheinungen. Der Schüler steht in ärztlicher Behandlung: Valerianpräparate und kalte Abreibungen. Die

Nächte waren oft schlaflos, die Träume bezogen sich auf Schularbeiten und das Examen. Während der Prüfung, während welcher er zeitweilig von starkem Kopfschmerz, kaltem Schweiss und Herzklopfen geplagt wurde, war es ihm erlaubt, den Saal für längere Zeit zu verlassen.

Der Schüler N. hat in der Nacht vor dem Examen nur zwei Stunden geschlafen, er wurde zweimal von Nasenbluten und Erbrechen heimgesucht. —

Aus dem Mitgetheilten ergibt sich unzweifelhaft, dass andauernde Erregung des Gehirns durch geistige Anstrengung ein Sinken der Nervenenergie zur Folge hat. Wenn Erholung nicht oder nur in geringem Grade gewährt wird, so tritt eine Abnahme der Erregbarkeit immer deutlicher hervor. — Geistige Ermüdung äussert sich namentlich in der Schwierigkeit, einer an unser Denkvermögen gestellten Aufgabe — im Hinblick auf die Schule, dem Unterrichte — mit Theilnahme zu folgen, mit einem Worte, sie äussert sich in Unaufmerksamkeit. Diese ist gewissermaassen ein Sicherheitsventil, wie Kraepelin sich ausdrückt, durch welches sich das Gehirn vor zunehmender Ermüdung schützt. — Ein sicheres Anzeichen von dauernder Hirnermüdung spricht sich, unter sonst normalen körperlichen Verhältnissen, darin aus, dass der Betroffene über Druck im Kopfe, namentlich im Hinterkopfe und in der Oberaugenhöhlengegend der Stirn klagt, dass er einen unruhigen Schlaf hat, der durch Aufschrecken und Aufschreien (Pavor nocturnus) unterbrochen wird.

Dazu gesellen sich im wachen Zustande Störungen der Empfindungssphäre, erhöhte Reflexthätigkeit und eine abnorme Erregbarkeit des Gefässsystems bei unbedeutender Veranlassung.

Andauernde geistige Ermüdung kann sich ferner darin kundgeben, dass die betreffende Person im Schlafe oder in krankhaften Zuständen von ihren Arbeiten träumt und redet. Ich gedenke hier eines Falles, der einen jungen Mann im schriftlichen Examen betrifft. Derselbe wurde plötzlich von einem asthmatischen Anfall heimgesucht und phantasirte in diesem Zustande fortwährend von seiner vorhergegangenen geistigen Beschäftigung. Es fragt sich, bei welchem Grade von geistiger

Arbeitsleistung tritt Hirnermüdung von längerer Dauer ein? Diese Frage lässt sich nicht so leicht beantworten, und jedenfalls muss man bei einer hierauf bezüglichen Untersuchung auf Alter und Körperbeschaffenheit, auf die ganze Individualität und manche andere Umstände, namentlich auch auf die Nahrungsaufnahme Rücksicht nehmen. Mosso hält es allgemein für wahrscheinlich, »dass die Ermüdung in einer Nervenzelle des Gehirns schon nach 3 oder 4 Secunden der Thätigkeit eintritt.« Dass das Gehirn, trotz der schnellen Functionsabnahme seiner Elemente, weiter zu arbeiten im Stande ist, lässt sich dadurch erklären, dass wir in den Hirnwindungen einige Milliarden Zellen besitzen, die sich in ihren Obliegenheiten ablösen können.

Wenn nun die im Vorhergegangenen angeführten Methoden zur Ermittelung geistiger Ermüdung nicht gänzlich unzureichend sind, und wenn zahlreiche Beobachtungen in Bezug auf pathologische Zustände nicht trügen, dann steht es fest, dass kein Schulknabe und selbst kein Erwachsener, ohne Gefahr für seine Gesundheit, Tag ein Tag aus geistig so lange zu arbeiten im Stande ist, wie es der heutige höhere Unterricht bei strenger Durchführung erheischt. Kein Wunder, wenn sich unter solchen Bedingungen Ueberbürdungserscheinungen bemerklich machen, und dass es so ist, trifft leider vielfach zu. Die Thatsache geht unzweifelhaft hervor aus den Beobachtungen Nesteroff's[1]) und Warner's[2]), aus den Untersuchungen Key's[3]), sowie aus den Mittheilungen Erb's[4]) und anderer Neurologen.

Die Symptome geistiger Ueberanstrengung äussern sich in einer Reihe von nervösen Zuständen, die ich hier nicht alle aufführen kann; wer sie kennt und einen Blick dafür hat, der wird sie auch mehrfach in den vorhergegangenen Bemerkungen

---

1) Nesteroff, Die moderne Schule und die Gesundheit. Zeitschrift für Schulgesundheitspflege, 1890.

2) Kotelmann. Warner's Bericht über die ärztliche Untersuchung von 14 Londoner Schulen, daselbst 1890.

3) Key, a. a. O.

4) Erb, Ueber die wachsende Nervosität unserer Zeit. Heidelberg, Koester 1894.

wiederfinden, welche ich bei jedem Schüler hinzugefügt habe. Diese Symptome dürften nicht mit Unrecht als die ersten Vorboten des unheimlichen proteusartigen Gespenstes, der Neurasthenie, betrachtet werden, welche sämmtliche Berufsclassen der gebildeten Stände mehr oder weniger heimsucht.

Diese pathologischen Erscheinungen vererben sich von Geschlecht zu Geschlecht; in jeder neuen Generation häufen und verschlimmern sie sich. Dadurch wird nicht nur der einzelne Bürger, sondern auch der Staat geschädigt. Das Vaterland wird bedroht! Deutschland gebraucht Soldaten, aber nicht nur an Zahl, sondern auch von ungeschwächter Manneskraft!

Eine Hygiene des Nervensystems in der Schule ist kaum in ihren ersten Anfängen vorhanden. Sie hat auf Zweierlei Rücksicht zu nehmen: 1. auf Verhütung andauernder geistiger Ermüdung durch die Anforderungen der Schule, 2. auf solche Einflüsse, die schädigend von Aussen her wirken, d. h. nicht durch die Organisation des Unterrichtes bedingt werden. Ich habe über Nervenhygiene in der Schule Manches zu sagen, und werde es auch bei Gelegenheit thun. Hier beschränke ich mich auf einige wenige Punkte.

Die in Vorstehendem mitgetheilten Messungen haben mehrfach die Thatsache erbracht, dass nach dem Morgenunterrichte das normale Empfindungsvermögen der Haut und damit geistige Erholung um 2 Uhr Nachmittags noch nicht zurückgekehrt ist. Wenn aber das noch müde Gehirn aufs Neue in Anspruch genommen wird, so kann dies auf die Dauer zu ernstlicher Schädigung der Gesundheit führen.

Aus diesem Grunde muss man bei der Ansetzung von Nachmittagsunterricht, durch den die Ermüdung oft einen noch höheren Grad erreicht als durch den Vormittagsunterricht, mit grösster Umsicht verfahren. Jedenfalls erfolgt der Beginn, nach Ausdehnung des Morgenunterrichtes bis 12 Uhr, um 2 Uhr zu früh. Auch wird die Verdauung durch geistige Anstrengung verzögert, in höherem Grade sogar gehemmt. Im Mittel beträgt der Aufenthalt der Speisen im Magen nach kräftiger Mahlzeit 3 bis 4 Stunden. Die Verdauung ist also noch nicht genügend vorgeschritten, wenn der Nachmittagsunterricht um 2 Uhr beginnt. Aber auch ein anderer Punkt kommt bei der Ansetzung desselben in Betracht, der nämlich, dass auf diese Weise durch die Schule eine dreimalige tägliche Beanspruchung des Gehirns bedingt wird, zum dritten Male dann, wenn die Schüler sich an ihre häuslichen Schularbeiten begeben. Wenn man nun bedenkt, dass manche Schüler auch in der Zeit von 12 bis 2 Uhr noch einzelne Arbeiten vollenden, so ist das jugendliche Gehirn vom frühen Morgen bis zum späten Abend ununterbrochen in Thätigkeit, und das muss auf die Dauer schädlich wirken. Das Richtigste wird sein, alle wissenschaftlichen Nachmittagsstunden, wie es beispielsweise im Gymnasium zu Mülhausen im Sommer der Fall ist, gänzlich zu beseitigen. Auf diese Weise wird Zeit gewonnen, auch der körperlichen Pflege mehr Aufmerksamkeit zu widmen, als es die Zeit sonst erlaubt. Gymnastische Uebungen und Turnspiele, im Sommer im Freien, im Winter in geräumigen und gesunden Hallen, verlege man auf den Nachmittag. Damit ist dann auch denjenigen Eltern gedient, welche thörichter Weise für ihre Kinder auch in dieser Zeit Beschäftigung in der Schule wünschen. Des Morgens sollte der Unterricht auch im Sommer nie vor 8 Uhr, für jüngere Schüler, die weniger Stunden haben, nie vor 9 Uhr beginnen. Man könnte ihn aber mit abgekürzten Stunden an Orten, wo es sich mit den häuslichen und geschäftlichen Einrichtungen des bürgerlichen Lebens verträgt, bis ½1 Uhr beziehungsweise bis 1 Uhr ausdehnen. Dieses Verfahren ist viel weniger gefährlich als wissenschaftlicher Nachmittagsunterricht. Wenn die Schule im Sommer, wie es leider vielfach Gebrauch ist, schon um 7 Uhr beginnt, und die Schüler, um Ueberstürzungen für sich und das Haus zu vermeiden, oft schon um ½6 Uhr aufstehen müssen, so ist die Nachtruhe in vielen Fällen zu kurz, und die Schüler kommen nicht frisch in den Unterricht.

Einen recht wunden Punkt in der Hygiene des Nervensystems bilden die Examina und ihre Handhabung. Es werden dabei Gedächtnisleistungen verlangt, wie sie zweckloser kaum erdacht werden können. Kein tiefer blickender Examinator kann darüber im Zweifel sein, dass er durch eine Prüfung allenfalls einen gewissen Einblick in die Kenntnisse eines Menschen, nicht aber ein sicheres Urtheil über sein geistiges Können zu gewinnen vermag. Es werden daher von Zeit zu Zeit immer wieder Vorschläge laut, die Prüfungen in der Schule wegen ihrer Unzulänglichkeit zu beseitigen. Die Abschaffung der Abiturientenprüfung erscheint heute manchem Pädagogen als ein vernünftiges Ziel der Schulreform. Wenn, wie auf der Schule, eine genaue persönliche Kenntniss des Prüflings nach jahrelanger Beobachtung und Beurtheilung in Zeugnissen vorliegt, so steht der Abschaffung, oder doch der erheblichen Einschränkung der Prüfungen Nichts im Wege. Dadurch würde eine grosse Entlastung des jugendlichen Gehirns erzielt und eine bedeutende psychische Aufregung, sowie manche körperliche Unpässlichkeit vermieden; denn dass gerade für die Prüfungen, speciell für das mündliche Examen, besonders angestrengt und oft ganz unsystematisch gearbeitet wird, ist Jedem bekannt. Es gibt manche Fälle, in denen Schüler vor oder nach dem Examen die erste Bekanntschaft mit dem Nervenarzte machen. Wenn, wie es heute beispielsweise in Preussen die Regel ist, bei genügendem Ausfall der schriftlichen Reifeprüfung, die mündliche erlassen wird, so sollte die hierauf bezügliche Mittheilung den Schülern gleich nach Feststellung der Prädicate für die schriftlichen Arbeiten gemacht werden; es ist ein Danaergeschenk, sie erst dann zu machen, wenn der Tag des mündlichen Examens gekommen ist. Einige der jetzt auf höheren Lehranstalten vorhandenen Examina sind gänzlich überflüssig. Ich meine die Versetzungsprüfungen, welche an einzelnen Anstalten am Schlusse jedes Jahres bestehen, sowie die Abschlussprüfung für die Untersecunda, mit der gleichzeitig die Berechtigung zum einjährigen Heeresdienste verbunden ist. Ein triftiger Grund, warum solche Examina bestehen, ist schwerlich zu finden.

Die Einführung der schriftlichen und mündlichen Abschlussprüfung für Untersecunda in einer Zeit, in welcher auf dem Gebiete des Schulwesens das Streben nach Entlastung sich immer dringender gestaltet, ist vom hygienischen Standpunkte aus zu verdammen und pädagogisch nicht zu rechtfertigen.

Wenn Ueberbürdung auf höheren Lehranstalten vorhanden ist, und eine damit in Zusammenhang stehende Nervosität mehr und mehr um sich greift, so kommt hierfür gewiss der Umstand in Betracht, dass Unterrichtsmaass und Unterrichtsstoff zu hoch geschraubt werden. Um dem modernen Zeitalter Rechnung zu tragen, versucht man in den Gymnasien auch den exacten Wissenschaften, der Technik und den modernen Sprachen Zeit und Raum zu gönnen, zugleich aber scheut man sich, das Unterrichtsmaass in den alten Sprachen noch mehr zu verringern. Wenn aber der Unterricht, gleichgültig ob obligatorisch oder zum Theil facultativ, bei der vorhandenen Zahl der Fächer und Stunden wirklich mit Energie betrieben werden soll, so kann eine Ueberbürdung des jugendlichen Gehirns kaum ausbleiben. Facultativer Unterricht ist übrigens, genau betrachtet, nur ein Mittel, um mehr Stoff zu bewältigen und zugleich eine Maassregel, um dem Vorwurfe der Ueberbürdung zu begegnen. Der Nervenhygiene wird hierdurch kein Dienst erwiesen; denn gerade durch facultativen Unterricht wird für diejenigen Schüler, welche daran Theil nehmen — und es ist meistens die Mehrzahl — die Gefahr der Ueberbürdung erhöht.

Anlage und Neigung des Menschen zu bestimmten Wissensgebieten lassen sich nicht erzwingen, sondern gehören zu den biologischen Erscheinungen der Vererbung und Anpassung. Diese Thatsache wird in dem höheren Schulwesen nicht genügend berücksichtigt. Es gibt zahlreiche brauchbare und talentvolle Köpfe, deren Brauchbarkeit und Talent einerseits durch die mangelhafte Individualisirung des höheren Schulunterrichtes nicht zur Würdigung und Entfaltung kommen, andererseits an der Beschränkung der staatlichen Berechtigungen, unter welcher die Anstalten mit vorwiegend realistischer Richtung leiden, scheitern.

Kein Wunder, dass unter solchen Verhältnissen die Ideale des Jünglings manchmal um so schneller schwinden, je klarer die Erkenntniss unberechtigter

Zurücksetzung wird, und je mehr die Unzufriedenheit hierüber Platz greift. Das ist für die culturelle und sociale Entwicklung des deutschen Volkes ein Uebelstand.

Bei der heutigen Lage der Verhältnisse reicht die aus den angeführten Gründen im Gymnasium oftmals bestehende Ueberbürdung noch über die Grenze dieser Anstalt hinaus und trifft auch einen Theil der studierenden Jugend. Ich greife nur einen Fall heraus, den ich beurtheilen kann: Ich meine die Studierenden der Medicin. Müde verlassen diese jungen Leute die Schulbank, müde begeben sie sich an ein Studium, für welches sie auf der Schule trotz aller reformatorischen Bestrebungen der Schulverwaltungen keine genügende Vorbereitung erhielten. Kein Wunder, wenn ihre Examensleistungen, wie von authentischer Seite beklagt wird, dürftige sind. — Es gibt vielleicht noch ein anderes Verfahren für eine rationelle Schulreform als dasjenige, welches die Schulverwaltung bisher durchzuführen versucht hat. Dieses Verfahren könnte darin bestehen, das Griechische entweder ganz aus der Schule zu verbannen und auf die Universität zu verlegen, oder es mit noch erheblich verminderter Stundenzahl nur in der Prima beizubehalten. So paradox und unliebsam dieser Vorschlag auch manchem Ohre klingen mag, so dürfte derselbe, wenn sich durch ihn ein Gewinn für die Nervenenergie unserer Schuljugend erzielen liesse, doch ernstlich in Erwägung zu ziehen sein. Die für alle Berufszweige vorbereitende Schule wäre dann im Wesentlichen nichts anderes als das heutige preussische Realgymnasium. Dass logisches Denken, ethische und nationale Erziehung der Jugend durch eine derartige Umwandlung in die Brüche gehen könnten, haben hervorragende Pädagogen zur Genüge zurückgewiesen. Zur Erhaltung ungeschwächter Nervenenergie der Jugend kann Herabsetzung der täglichen Arbeitszeit beitragen. Diese würde sich unter den obwaltenden Verhältnissen, vielleicht am besten dadurch bewerkstelligen lassen, dass die häuslichen Aufgaben eingeschränkt würden. Gänzliche Beseitigung derselben ist nicht möglich, denn wir leben in einer Welt voll Arbeit und Jeder,

der sich in dieser Welt behaupten will, muss es in der Jugend schon lernen, selbständig und pflichttreu zu arbeiten. Aber es sollen sich die häuslichen Aufgaben über solche Dinge erstrecken, die zu selbständigem Denken anregen und den Keim für eigenes Schaffen legen. Wenn ich für eine Verminderung der Hausarbeit eintrete, so fasse ich dabei ganz besonders das mechanische Auswendiglernen ins Auge. Man soll natürlich das Kind nicht mit dem Bade ausschütten: Das Einmaleins muss fest sitzen. Die Kenntniss von Vocabeln und grammatischen Regeln ist zur Betreibung von Sprachen unbedingt erforderlich; aber man muss ihre Aneignung mittels geeigneter Methoden hauptsächlich in den Unterricht verlegen. Formeln sind für den mathematischen Unterricht unentbehrlich, aber sie prägen sich dem Gedächtnisse von selbst ein, wenn ihr Inhalt klar ist. Die mechanische Aneignung von Gedichten und Prosastücken aller Art sollte ganz vermieden werden. Beide sind zwar ein grosser Schatz zur Erlangung ästhetischer und gemüthlicher Bildung, allein ich behaupte, dass eine solche durch das mechanische Einpauken gänzlich unterdrückt wird. In den Vordergrund aber tritt sie, wenn der Schüler in den Geist der Stücke eingeführt wird, wenn der Lehrer ihm dieselben formvollendet vorträgt, und der Schüler sie schön zu lesen versteht. Am Schlimmsten steht es mit dem Memoriren von Zahlen und Daten aus der Geschichte. Nichts belastet die Hirnthätigkeit mehr als dieser öde Gedächtnisskram; historischer Sinn, logische Denkfähigkeit und geistige Entwicklung werden dadurch nicht gefördert. — Die heutige Arbeitsdauer der Schüler lässt im Allgemeinen zu wenig Zeit zum Schlafen. Für jüngere Schüler sind 10 bis 11, für ältere 8 bis 9 Stunden Schlaf unbedingt erforderlich. Diesem Schlafbedürfniss wird vielfach durch die häusliche Arbeitsmenge und die Organisation des Unterrichtes nicht Rechnung getragen, und es gibt eine ganze Menge von Schülern, die, ohne ausgeschlafen zu haben, Morgens die Classe betreten; auch dann, wenn das Haus nicht daran schuld ist!

In Bezug auf den Unterricht ist zu betonen, dass der Werth desselben weniger nach der Menge des Erlernten, als vielmehr nach dem Grade der in dem Schüler entwickelten selbständigen Denkthätigkeit zu bemessen ist. Ferner ist zu bemerken, dass der grössere Theil des Unterrichtes in den unteren und mittleren Classen in der Hand eines, am passendsten wohl, philologisch-historisch gebildeten Lehrers liegen sollte; technische und naturwissenschaftliche Fächer bleiben von dieser Maassnahme ausgeschlossen. Auf solche Weise werden, da das Band zwischen Lehrer und Schüler enger geknüpft ist und der Erstere die Letzteren genau kennen lernt, die Anforderungen der Leistungsfähigkeit der Schüler mehr angepasst, es wird die Individualisirung des Unterrichtes erleichtert, und dies ist in pädagogischer und hygienischer Beziehung recht wünschenswerth. Dass einzelne Unterrichtsgegenstände auf einander Rücksicht zu nehmen und sich gegenseitig zu ergänzen haben, ist von allen Pädagogen längst anerkannt und verwerthet worden.

Ob es ausser einer Ueberbürdung der Schüler auch eine solche des Lehrkörpers gibt, ist eine wichtige Frage der Nervenhygiene in der Schule, über welche, meines Wissens, sehr wenige Untersuchungen vorliegen. — Es ist von grosser Bedeutung, dass das Arbeitsmaass des Lehrers sorgfältig abgewogen werde; denn ein geistig ermüdeter und dadurch nervös gewordener Lehrer wird nicht gerade günstig auf die Schüler wirken. Es fragt sich: was darf man den Lehrern in Bezug auf geistige Arbeit zumuthen? Die Berliner Conferenz lässt im Allgemeinen 22 wöchentliche Unterrichtsstunden zu, thatsächlich aber werden oft 24 Stunden verlangt. Bei dieser Maassnahme, die entschieden zu hoch gegriffen ist, werden Lebensalter und Correcturen der Lehrer oftmals nicht berücksichtigt. Wie bedeutend die Hirnermüdung während angestrengter geistiger Thätigkeit auch bei erwachsenen Personen sich bemerklich macht, das zeigen die Versuche Mosso's und meine eigenen Beobachtungen über die Herabsetzung der Sensibilität.

Bei 22 und mehr wöchentlichen Unterrichtsstunden, oft in verschiedenen Fächern, verbunden mit mehreren, vielleicht täglichen Correcturen, müssen die meisten Lehrer den grössten Theil ihrer freien Zeit zur Erholung benützen, um mit ungeschwächter Nervenenergie ihren Unterricht in jeder Beziehung wohlthuend und zugleich erfolgreich zu gestalten. Von einer wünschenswerthen gründlichen Vorbereitung für den Unterricht kann da kaum die Rede sein; und wo bleibt dann für das Familienleben und die von der Unterrichtsverwaltung befürwortete, für das Gedeihen der Schule und zur eigenen Zufriedenheit unerlässliche Weiterbildung der Lehrer Zeit und Lust? — Es ist dringend geboten, dass der Staat für eine grössere Zahl von Lehrkräften sorgt, damit sich die Entlastung des einzelnen Lehrers besser durchführen lässt. Dass es bisher noch nicht gelungen ist, die Ueberbürdungsfrage aus der Welt zu schaffen, die Organisation des höheren Unterrichts zu regeln und der Schule und ihren Vertretern die gebührende Anerkennung zu verschaffen, mit einem Worte den wünschenswerthen Schulfrieden herbeizuführen, ist eine beklagenswerthe Thatsache, die ein schiefes Licht auf die Zweckmässigkeit der bestehenden Verhältnisse wirft.

Die Berliner Conferenz hält es für unerlässlich, dass den Schülern eine Unterweisung in den Grundsätzen der Hygiene zu Theil werde. Mit anderen Worten heisst dies: an jeder höheren Lehranstalt ist ein elementarer Unterricht in der Hygiene einzurichten. Wenn diese Forderung sich verwirklichen liesse, so würde dadurch allerdings sehr segensreich gewirkt werden können; a u c h d a s H a u s w ü r d e d a r a u s N u t z e n z i e h e n u n d d a s i s t m a n c h m a l r e c h t n o t h w e n d i g. Es fragt sich: wer soll diesen Unterricht ertheilen? Darauf liesse sich die Antwort geben: ein Schularzt. Dass nur Jemand, der den menschlichen Körper genau kennt und längere Zeit eingehende Studien in einem hygienischen Laboratorium gemacht hat, das in Rede stehende Gebiet völlig beherrscht, liegt auf der Hand.

Solche Einrichtung besteht seit einiger Zeit beispielsweise in Ungarn, und die darüber veröffentlichten Berichte lauten günstig. Bei der starken Besetzung des ärztlichen Berufes und der oftmals bestehenden Schwierigkeit Praxis zu finden, würde es manchem jungen Arzte willkommen sein, nach dieser neuen Richtung hin seine Thätigkeit zu entfalten.

Mediciner, welche sich dem medicinisch-pädagogischen Fache zu widmen gedenken, müssen natürlich in ihrem Examen besonders gute Kenntnisse in der Hygiene aufweisen; und der Besuch pädagogischer Vorlesungen und die Abhaltung von Probelectionen gehören, da sie unterrichten sollen, wie bei jedem Schulamtscandidaten, zu ihrem Studiengange.

Man kann sehr wohl Arzt und zugleich Lehrer der Hygiene sein, und derjenige, in welchem sich beide Eigenschaften glücklich verbinden, wird in pädagogischer und hygienischer Hinsicht der Schule zu nützen und auf die Schüler einen vortheilhaften Einfluss auszuüben vermögen.

Im Uebrigen würde dem Schularzte noch die Aufgabe zukommen, die hygienischen Verhältnisse der Anstalt zu regeln und zu überwachen.

www.ingramcontent.com/pod-product-compliance
Lightning Source LLC
LaVergne TN
LVHW042247300926
849161LV00003B/508